## natürlich oekom!

Mit diesem Buch halten Sie ein echtes Stück Nachhaltigkeit in den Händen. Durch Ihren Kauf unterstützen Sie eine Produktion mit hohen ökologischen Ansprüchen:

- mineralölfreie Druckfarben
- Verzicht auf Plastikfolie
- Kompensation aller $CO_2$-Emissionen
- kurze Transportwege – in Deutschland gedruckt

Weitere Informationen unter www.natürlich-oekom.de und #natürlichoekom

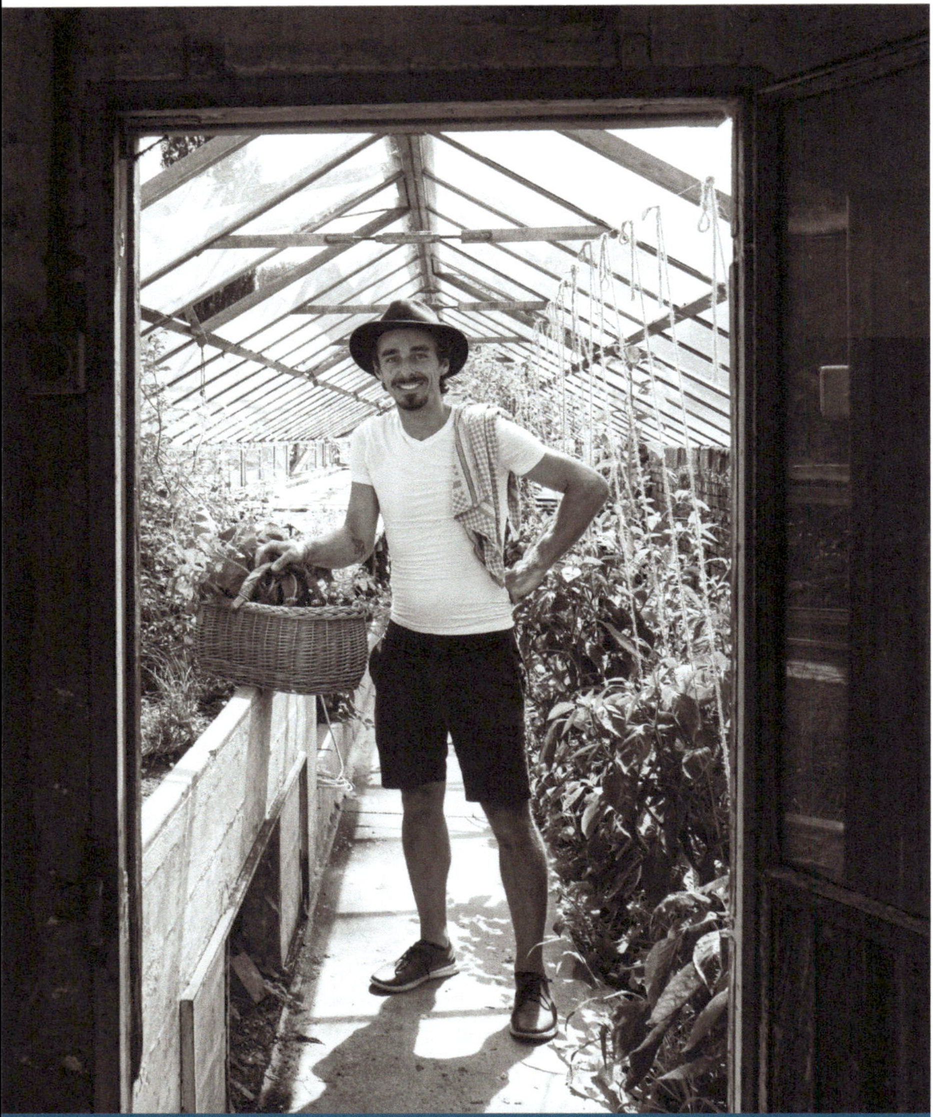

Bibliografische Information der Deutschen Nationalbibliothek: Die Deutsche Nationalbibliothek verzeichnet diese Publikation in der Deutschen Nationalbibliografie; detaillierte bibliografische Daten sind im Internet über www.dnb.de abrufbar.


oekom – Gesellschaft für ökologische Kommunikation mbH, Goethestraße 28, 80336 München
+49 89 544184 – 200, www.oekom.de

Umschlaggestaltung: Laura Denke Umschlagabbildung: Kim Höhnle
Innenlayout & Satz: Ines Swoboda
Lektorat: Katharina Spangler Korrektorat: Elena Bruns


ISBN 978-3-98726-106-0
https://doi.org/10.14512/9783987263507

Druck:
Elanders Waiblingen GmbH,
Waiblingen

Mario Enchelmaier

# Seehnsucht Heimat

Auf der Suche nach
neuen kulinarischen Wegen
Mit Kochinspirationen
vom Bodensee

## Widmung

*Ich widme dieses Buch allen Menschen, die mich auf meinem Weg begleitet haben. Vor allem danke ich natürlich meiner Frau und meiner Tochter, der ich den bewussten Zugang zur Natur und gesunden Lebensmitteln öffnen möchte.*

*Mein Buch und meine Geschichte* **6**

*Seehnsucht Heimat* **10**

*Der Feuerherd meines Herzens* **18**

*Das Zeit-Raum-Vakuum* **22**

*Rezeptfrei und bewusst kochen* **26**

*Meine Inspiration* **32**

*Das Holz aus Thomas' Wald* **38**

*Der Vesperbaum* **46**

*Ein Metzger mit Herz* **60**

*Zurück zum kulinarischen Ursprung* **66**

*Die Fischerin vom Bodensee* **76**

*Markus, der Swiss-Highlander* **88**

*Karle und seine Äpfel* **102**

*Wilder Herbst im Wald* **108**

*Arbeiten auf dem Bio-Bauernhof* **122**

*Ankommen mit Kitchen unplugged* **130**

*Danksagung* **142**

*Bildnachweis* **143**

*Über den Autor* **144**

# Mein Buch und meine Geschichte

In diesem Buch möchte ich dir gerne erzählen, wie das ursprüngliche Kochen auf einem alten Feuerherd mein Feuer wieder entfacht hat. Es soll eine Inspirationsquelle sein und ich verarbeite darin einen Teil meiner eigenen Wegfindung, die von einer tiefen Sehnsucht nach Heimat geprägt ist.

Es geht um Lebensmittel, die zurück zum Ursprung gehen, die ökologische Werte verkörpern und Emotionen auslösen, um Erkenntnisse und tolle Begegnungen mit einzigartigen Menschen und ihrem Handwerk, im Einklang mit der Natur. Ich wollte weniger ein Kochbuch, als vielmehr eine rezeptfreie Inspirationsquelle schaffen, in der man die Schönheit des Lebens erkennt und aus der man seine ganz eigenen Ideen ableiten darf.

Ich koche zu sehr aus dem Bauch und Herzen heraus, als dass man mich in irgendeine Schublade packen könnte. Meine Rezeptvorschläge, in denen ich nur die Zutaten und keine Mengenangaben aufliste, sollen durch ebendiese, durch wenig Worte und eine inspirierende Bildsprache dazu anregen, selbst mit dem einfachsten, was uns umgibt, kreativ zu werden.
Jede meiner Kochideen erzählt ihre eigene Geschichte oder interpretiert eine bereits erzählte neu. Ich möchte außerdem darauf aufmerksam machen, wie wichtig es ist, dankbar mit unserer Umwelt umzugehen und dass wir die Zeit, die wir haben, wieder bewusster mit dem verbringen, was uns guttut und glücklich macht.

Es ist menschlich, dass wir in der heutigen Gesellschaft, bei all dem Druck, der Ablenkung und unseren persönlichen Hintergründen, oft vergessen, was unser Lebensmittelpunkt ist. Die Wertschätzung des Lebensmittels als solches darf uns wieder bewusster werden und sollte der Mittelpunkt eines jeden Essens sein. Gutes Essen spiegelt für mich Familie und Freundschaft wider.

Das Jahr 2020 war mein persönliches Jahr der Veränderung. Ein großer Umbruch, der nicht nur in mir selbst stattfand, sondern erkennbar auch im Außen gesellschaftlich spürbar war. Der Zenit des Überflusses war für mich im Beruflichen längst erreicht und ich war bereit, das zum Anlass zu nehmen, um meine persönliche Verwandlung stattfinden zu lassen. Ich habe mich auf die Reise begeben, der Achtsamkeit und dem bewussten Leben zu begegnen.

Ich bin dem Sinn von Zeit und Sich-Zeit-Nehmen wieder auf die Spur gekommen und konnte erkennen, was es bedeutet, hinzusehen und zuzuhören. Ich durfte meine Reise zu mir selbst in Verbindung mit dem Lebensmittelkreislauf mit Herzensmenschen teilen, um von ihnen zu lernen. Dieses Buch erzählt von meiner Reise.

# Seehnsucht

# Heimat

Dieses Buch trägt eine Botschaft als Titel, die mich bewegt und die ich mit dir teilen möchte. Warum der SEE in der Suche nach Heimat steckt, und auch die Sucht, wirst du verstehen, wenn du mir auf den Stationen meiner Reise folgst.

Heimat steckt in so vielem, vor allem steckt sie in jedem von uns und in den Werten, die uns mitgegeben wurden. Einige meiner wichtigsten Werte haben mir meine Eltern vermittelt. Ich bin in den ersten zehn Jahren meines Lebens völlig frei in der Natur Afrikas, in Mombasa, Kenia aufgewachsen. Das hat mich bis heute in meiner Persönlichkeit stark geprägt, weil diese ersten Jahre im Leben eines Menschen einfach sehr zentral sind.

Meine Eltern sind zur Hochzeitsreise nach Afrika geflogen und 15 Jahre dort geblieben. Ich bin in einer verrückten Freigeister-Familie groß geworden. Meine Eltern wurden von Surflehrern mit Herz zu erfolgreichen Hoteliers an der Küste Kenias. Ich hoffe sehr, dass sie irgendwann ihr Buch über ihre gemeinsame Lebensgeschichte fertigstellen. Hätte es ihr hollywoodreifes Abenteuer nie gegeben, würde es mich so nicht geben. Meine Eltern haben mir ein Stück weit die Tür zur Welt geöffnet, da sie selbst immer offen geblieben sind und meist intuitiv das getan haben, was ihnen Freude bereitet hat. »Du kannst alles werden, was du willst« ist ein Leitsatz, den sie mir und meinem Bruder mitgegeben haben. Danke euch von Herzen dafür.

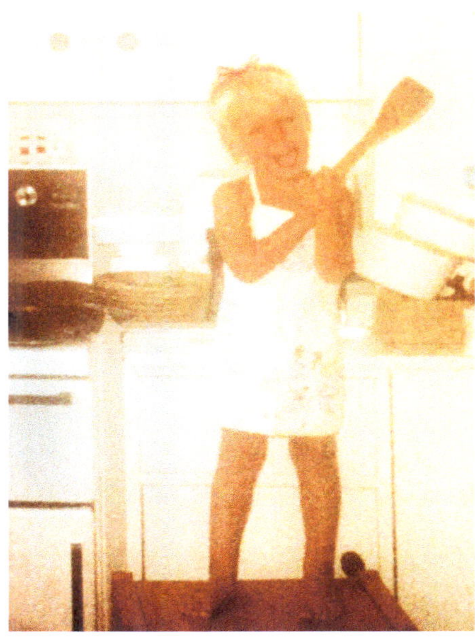

In Kenia hat mein ganzer Alltag fast nur draußen stattgefunden. Am Strand, am Meer und vor allem viel im Grünen. Als Kind habe ich mich stundenlang mit Palmblättern beschäftigen können, ohne dass mir etwas gefehlt hat oder mir gar langweilig wurde. Das hat meine Kreativität gefördert, denn die Natur ist der größte Abenteuerspielplatz. Etwas, das ich mir für jedes Kind wünsche und was ich auch an mein Kind weitergeben möchte.

Als kleiner Junge stand ich auch häufig in den Hotelküchen meines Vaters und habe mit Küchenchef David gekocht, denn das Leben im Hotel war Teil meines Alltags. Diese Zeit war, rückwirkend betrachtet, ausschlaggebend für meinen Beruf und meine Berufung.

Ich bin also Koch geworden, habe in einem kleinen Restaurant mit 16 Gault-Millau-Punkten in der Schweiz gelernt und bin nach meiner Ausbildung bis heute beruflich viel herumgekommen.

Meine Berufung hat mich durch viele Höhen und Tiefen des Lebens geführt und mich immer wieder auf die Probe gestellt. Meine Handwerkskunst wurde von großartigen Lehrmeistern wie Bernd Andree, Markus Hörner und vor allem Sterneköchin Cornelia Poletto maßgebend geprägt – ein Privileg, das mir aufgrund meines Einsatzes und dem Glück, zur richtigen Zeit am richtigen Ort gewesen zu sein, vergönnt war. Cornelia Poletto hat mich die kompromisslose Liebe zu Lebensmitteln gelehrt, die bis heute stark in mir verankert ist.

Meine kulinarischen Weltreisen brachten mich zu vielen Stationen, unter anderem zur Sternegastronomie und zum internationalen Catering für Privat-, Staats- & Sport-Events, auf denen ich vielen Größen unserer Zeit begegnet bin. Ich durfte an den außergewöhnlichsten Orten kochen und hatte das Glück, über Empfehlungen von einer Stelle zur anderen wechseln zu können, ohne auch nur eine Bewerbung schreiben zu müssen. Das ist nicht selbstverständlich. Ich bin einfach meiner Intuition gefolgt und habe darauf vertraut. Meine Eltern bezeichnen dies als »Enchelmaier-Glücksgen«.

Ich durfte unter anderem mehrere Jahre bei »Feinkost Käfer« für Politiker*innen und die Filmbranche kochen. Im damals höchsten Gourmet-Restaurant der Welt, mit einem Yachtklub auf 2.800 Metern, in St. Moritz arbeiten. Ich war kulinarisch verantwortlich für ein Formel-1-Team und dafür auf fast allen Kontinenten als Koch unterwegs. In Tokio brachte ich japanischen Köchen die deutsche Küche bei. Für Rolex leitete ich sieben Jahre lang persönlich das Gourmet-Restaurant auf der Baselworld, der Messe für Uhren, Schmuck und Edelsteine. Die Produktentwicklung für das Wassermann-Catering auf der Messe und im Fußballstadion Basel habe ich maßgeblich geprägt. Für die Mosimann Familie, die Familie des großen Kochs aus London, die in enger Verbindung zur Königsfamilie steht, habe ich die Schweizer Nationalmannschaften bei den Olympischen Spielen in Sotchi bekocht. Zuletzt war ich für die kulinarischen Konzepte und die Trend-Entwicklung für einen der größten Airline-Caterer der First und Business Class Lounges in Frankfurt, München und New York verantwortlich. Ich habe über wirklich viele Tellerränder geblickt und dabei großartige Erfahrungen mit unglaublichen Menschen auf meinen beruflichen Wegen machen dürfen. Bis heute und darüber hinaus bin ich dafür dankbar, denn diese prägenden Etappen haben meinen kreativen Horizont für immer erweitert.

Die Sehnsucht nach Heimat hat mich allerdings auf all meinen Reisen durch die Welt nicht losgelassen. Ich habe sie immer wieder in meiner Arbeit gesucht – das war die Sucht, die in der Se(e)hnsucht enthalten ist. Diese Sucht kann einen in vielerlei Hinsicht abhängig machen und ebenso in die Irre führen, bis man die richtige Balance, seinen eigenen Weg und seinen eigenen Platz im Leben gefunden hat. Der Bodensee oder einfach nur der See, war schon immer meine zweite Heimat. Denn der See ist die Heimat meiner Mutter und der Lebensort meiner Großeltern, die ich immer wieder von Kenia aus in meinen zehn Wochen Sommerferien besucht habe. Nicht nur, dass die Eltern meiner Mutter hier beheimatet sind, der Bodensee war auch die Sommerresidenz meines Vaters. Er hat hier einen großen Teil seiner Kindheit und Jugend erlebt und ist schlussendlich auch seiner großen Liebe am See begegnet. Das ist allerdings eine eigene Geschichte, die sich fast 30 Jahre

später wiederholte, als auch ich meiner großen Liebe und heutigen Frau Carolin begegnete, die aus dem gleichen Ort am Bodensee stammt.

Meine Großeltern väterlicherseits hatten einen Liegeplatz direkt am Bodensee. Als wir Afrika verlassen hatten, war eine Lücke in meinem Leben entstanden, die ich mit meiner neuen Heimat, diesem Platz am Bodensee, füllte. Seitdem stehen dort zwei Wohnwagen. Der See ist bis heute meine Tankstelle und mein Ruhepol. Die Natur und das Leben hier sind wie unter einer Glaskuppel, wo Zeit noch Raum findet. Mit dem Haus meiner Schwiegereltern, das auch direkt am See steht, wird für uns nochmal klarer, wie sehr Familie und der Bodensee für uns zusammengehören und wie wichtig uns beides ist. Von Seiten meiner Schwiegereltern mit ihren tiefen Wurzeln in der Gegend sind neue Verbindungen zu tollen Menschen entstanden, die mich mit ihrem Handwerk berührt haben. Der Wert von Gemeinschaft und das Füreinander-da-Sein ist das, was mir auf meine »Sehnsucht« ein Stückweit eine Antwort gab.

Als wir als Familie Kenia verlassen hatten, wollten meine Eltern mir damit eine bessere Zukunftsaussicht bieten, was schlussendlich auch der richtige Schritt war. Dennoch hat Kenia zu verlassen meinen Biorhythmus bis heute auf den Kopf gestellt. Ich habe jahrelang eine Sehnsucht gespürt, die ich mit all meinen kulinarischen Reisen nicht stillen konnte – erst das Ankommen am Bodensee hat das geschafft. Heute bin ich stolz ein Exot zu sein, denn es ist mein Ursprung, meine Prägung, warum ich der bin, der ich bin. Ich bin meinen Eltern sehr dankbar, dass dies heute auch ein Teil meiner Geschichte ist.

In Verbindung der verschiedenen Lebensmittel-Handwerke mit meiner Berufung, dem Kochen, möchte ich darauf aufmerksam machen, was im Leben wirklich wichtig ist. Wir sollten alte Werte pflegen und neue Werte entwickeln, die in unsere Zeit passen. Seit 2019 und meiner Entscheidung, einen neuen Weg einzuschlagen, verbinde ich mit Lebensmitteln noch viel mehr Emotion als vorher. Nach all meinen langen Reisen durch die kulinarische Weltgeschichte bin ich jetzt an dem Ort angekommen, wo ich sein möchte, um etwas Neues zu schaffen.

Wenn du selbst gerade auf der Reise bist, darf mein Buch auch dir ein Fenster öffnen. Hier sitze ich, auf meinem Feuerherd am See, und beginne eine neue Reise, die der Spur meines Herzens folgt. Dahin nehme ich dich jetzt mit.

# Der Feuerherd meines Herzens

Mein Jahr 2020 begann mit einem körperlichen und seelischen Tiefpunkt und im Anschluss machte ich mich mit kleinen Schritten auf die Spur zu meinem Herzensweg. Ich war nur noch eine funktionierende Hülle im Aushalt-Modus. Ich hatte mich beruflich verirrt, hatte eine Aufgabe, deren Wert mich nicht mehr glücklich machte.

Was ich über mich hatte ergehen lassen, fühlte sich wie innerliche Selbstverstümmelung an, die ich mir äußerlich nicht anmerken ließ. Ich war für einen der größten internationalen Flugkonzerne der kulinarische und kreative Kopf, habe Food-Trends aufgespürt und neue Konzepte entwickelt. Ich bin Koch mit Herz und wollte immer etwas schaffen und im Team besondere Momente gestalten. Leider hatte die Bedeutung der Aufgabe irgendwann ihren Glanz verloren und ich merkte, dass meine Arbeit nicht wertgeschätzt wurde, weil es eher um Schein als um Sein ging. Ich saß dreimal in der Woche im Flugzeug und spürte, wie sich eine Anspannung in meinem Körper immer mehr zu einem unterdrückten Schmerz zuspitzte, bis es nicht mehr ging. Diese Unzufriedenheit hat mich regelrecht aufgefressen, die Umstände hatten mich überfordert, und ich hatte nicht mehr auf mein Bauchgefühl und mein Herz gehört. Es war ganz klar immer meine Entscheidung zu bleiben oder zu gehen und doch konnte ich mich nicht lösen. Was ich mir und meiner Seele dadurch zugemutet habe, wünsche ich wirklich niemandem.

Ich durfte erfahren, was es bedeutet bei Punkt Null, der kompletten Erschöpfung, angekommen zu sein. Alles war mir zu viel, es passte nicht mal mehr ein Blatt Papier zwischen meine angespannten Nerven. Ich konnte anfangs keine einzige Zeile für mein Buch schreiben, dessen Idee damals schon entstand, weil mich in diesem Zustand auch das überfordert hat. Mein Körper sagte mir ganz klar: »Hier ist Endstation. Du hast jetzt nur die Aufgabe, dir Zeit zu nehmen für das, was dir guttut.«

So begann mein Herzensweg. Das Jahr sollte nicht nur mich, sondern auch die Welt entschleunigen und ich kann es nicht anders beschreiben, außer dass ich dankbar bin, dass ich diese Zeit gehabt habe. Die Zeit, meine gelernten Meditationen umzusetzen und meinen Wegweisern zu folgen. Aber vor allem die Liebe meiner Frau hat mir geholfen, nach und nach in meinem Tempo meinen Weg neu aufzunehmen.

Was ist ein Herzensweg? Der Weg an sich bedeutet natürlich für jeden etwas anderes. Doch während ich dieses Buch schreibe, bin ich meinem bereits auf der Spur. Ein großer Herzöffner war das Kochen an einem Feuerherd, auch »Großmutterherd« oder die »Küchenhexe« genannt.

Eine solche Küchenhexe stand zu Zeiten unserer Großeltern in fast jeder Küche und war der wärmste Ort im Haus. Schon damals hat man sich gerne in der Küche aufgehalten. Es ist schon komisch ... Manchmal stelle ich mir vor, wie es damals gewesen sein muss. Vielleicht lief im Hintergrund ein altes Radio mit Heimatmusik und auf dem Herd stand ein großer Topf mit blubbernder Suppe und es roch nach Feuerholz, frischem Brot, Rauchspeck und Kraftbrühe. Ich sehne mich heute vermehrt nach der Einfachheit, und auch wenn früher nicht alles besser war, hatte es oftmals noch eine andere Wertigkeit.

Ich hatte schon lange ein Bild von meinem eigenen Feuerherd im Kopf und nun, in meinem Jahr Null, war es an der Zeit, das auch in die Tat umzusetzen. Ich habe mir also einen alten ausrangierten Herd aus Omas Zeiten gekauft. Der Gedanke, mit dem Herd dem ursprünglichen einfachen Kochen wieder auf die Spur zu kommen, hat mich und mein Herz wieder geöffnet. Nachdem mein Herd »Küchenhexe« liebevoll restauriert auf einer Konstruktion aus Rädern stand, fühlte ich mich wieder wie ein Kind. Ich hatte keinerlei Erfahrung auf so einem Herd zu kochen, aber ich wollte es instinktiv ohne Druck und Erwartung einfach fließen lassen. Also zündete ich das Feuerholz an und kochte mir mein Herz und meine Seele wieder frei. Nach all dem Überfluss, den ich im Beruf kennengelernt hatte, hat mich das Kochen auf meinem Feuerherd wieder geerdet und mir das Gefühl gegeben, wieder atmen zu können.

# Das Zeit-Raum-Vakuum

Sich Zeit zu nehmen, ist der Schlüssel zum wirklichen Bewusstsein und zum Leben. Wer sich nicht selbst belohnt und sich selbst die Zeit zugesteht, die er braucht, kommt irgendwann aus dem Gleichgewicht.

Das Zeit-Raum-Vakuum der Pandemie hat mich gerettet und gleichermaßen daran erinnert, wer ich überhaupt bin und was meine Bestimmung ist. Es hat mir die Möglichkeit gegeben, herauszufinden, was ich in meinem Leben möchte und was nicht mehr.

Ich bin einer von denen, die das Drücken der gesellschaftlichen Stopptaste in der Pandemie als Geschenk dankbar angenommen haben. Warum? Es hat mir Zeit geschenkt. Zeit, die ich gefühlt nicht mehr hatte. Plötzlich konnte man das Wasser wieder fließen hören, konnte der Natur zuschauen und sie noch mehr schätzen. Es war wie eine Befreiung, ein Aufwachen, wie in einem Vakuum aus Zeit. Meine Frau Carolin und ich haben genau diese Momente zu schätzen gelernt und durch das bewusste Wahrnehmen erkannt, was wir in unserem Leben zukünftig brauchen. Die ungeplante Pause hat uns an Orte in die Natur gebracht, die wir sonst nicht entdeckt hätten. Wir lebten zu der Zeit noch in der Schweiz und wir waren umgeben von ganz großartigen Orten.

Plötzlich entdeckten wir auch die Bauernhöfe von nebenan und haben unseren Einkauf gänzlich auf kleinere Lebensmittelkreisläufe umstellen können. Die Zeit war gekommen, sich noch bewusster damit auseinanderzusetzen und zu sensibilisieren. Es war genau die Zeit, die meine Frau und ich gebraucht haben, um unseren Rhythmus herunterzufahren und auf das zu hören, was wir sonst zeitlich nicht hätten wahrnehmen können. Diese Zeit hat mir geholfen, meine Freude am Kochen wiederzuentdecken und Neues zu definieren.

Nachdem ich anfangs noch mit meiner Küchenhexe vor unserer großen Doppelgarage gekocht hatte, konnte ich nun meinen Standort wechseln und kochte auf dem Gelände der Kleinbrauerei Birtel in Basel, bei der damals mein Freund Frank arbeitete, der mir das vermittelt hat.

An diesem Ort entstanden viele meiner Gerichte, die ich in diesem Buch mit euch teilen möchte und mit denen meine große Reise hin zu dem, was für mich Heimat bedeutet, begonnen hat.

Dieses Zeit-Raum-Vakuum hat mir erst wieder möglich gemacht, Zeit als etwas Positives zu empfinden. Ich habe mich deshalb von da an für meinen innersten Weg entschieden und erkannt, dass es meine Aufgabe ist, besondere Momente zu schaffen. Ich will in meinem Buch und auch zukünftig Genussmomente in der freien Natur gestalten, um damit Menschen glücklich zu machen. Ich glaube fest dran, dass es unsere allerwichtigste Aufgabe im Leben ist, unsere Gegenwart mit wertvollen Momenten zu füllen. Meine Küchenhexe sollte meine Zeitmaschine sein. Nostalgie trifft Weitblick und Stillstand und genau dazwischen passiert etwas Einmaliges, wo die Zeit für einen Augenblick stehen bleibt.

Ich glaube nicht mehr an durchgestylte Events, die vor Perfektion strotzen, es ist das Unperfekte, nicht glattgebügelte Echte, das wir suchen. Ich kann nur jedem empfehlen, sich auf sein eigenes Zeitabenteuer einzulassen.

# Rezeptfrei

und

# bewusst

kochen

Die meisten erwarten in einem Kochbuch zurecht ein exakt formuliertes Rezept mit Mengenangaben. Genau deshalb falle ich hier aus dem Raster und möchte gar nicht an die großen Kochbücher anknüpfen. Denn ich habe lang genug Erwartungen erfüllt.

Wer sich für dieses Buch entschieden hat, merkt schon in den ersten Zeilen, dass es hier um viel mehr geht als ums Kochen. Es geht um Geschichten aus dem Leben in Verbindung mit Kochen und Essen für einen bewussteren Lebensmittelkreislauf, um dem echten Genuss auf die Spur zu kommen.

Man braucht nicht viele Produkte, um durch die Saisons zu kommen, weshalb ich auch bewusst Wiederholungen in der Auswahl meiner Produkte habe. Meine Gerichte sind freie Interpretationen von Bewährtem und da ich ungern nach Rezept koche, möchte ich dich ermutigen, es auch zu versuchen. Natürlich bekommst du etwas Anleitung und Mut von mir mit auf den Weg, aber der Rest ist deine ganz persönliche Entscheidung.

Kochen ist keine Wissenschaft, es ist ein Gefühl. Dieses Gefühl möchte ich dir mit meinen Geschichten und Gerichten vermitteln, dann lernen wir, unser Essen wieder viel mehr wertzuschätzen. Durch kleine Kurzfilme, zu denen du mittels eines QR-Codes gelangst, bekommt du ab und an Einblicke, wie ich auf meinem Feuerherd koche. Musikalisch begleitet werden die Videos von meiner langjährigen Freundin, der Sängerin Dana Lewu.

Mein Anspruch als Koch ist mittlerweile vielschichtiger. Es geht um mehr als nur um schöne Gerichte, der Rohstoff ist mir wichtiger denn je. Wo kommen Lebensmittel her? Wie wurde mit ihnen umgegangen? Wie steht es um die Nährwerte und was machen sie mit uns? Die Zeit einfach nur schön angerichteter Teller mit Produkten, die pompös aussehen und glänzen sollen, ist für mich passé.

Glücklicherweise stelle ich auch gesellschaftlich einen Wandel fest und nehme ein wachsendes Interesse an gesunden, lokalen Lebensmitteln wahr. Es lohnt sich ausgewählte Rohstoffe zu nutzen und nicht aus Bequemlichkeit oder Geiz die billigsten Lebensmittel zu kaufen. Weg vom verpackten Lebensmittel aus dem Discounter, hin zu den echt lokalen Produkten, die so pur wie möglich sind. Geh auf den Markt, unterstütze die Bauern und Bäuerinnen, indem du deren Obst, Gemüse, Fleisch oder Käse kaufst. Geh zum lokalen Metzger oder Hofladen und hinterfrage, ob die Lebensmittel gut für dich sind. Vertraue auch nicht einfach blind dem angeblich guten Restaurant. Überlege beim Essengehen immer wieder, ob der Ort der richtige ist.

Ich bin mittlerweile fast gänzlich auf Bio und Demeter umgestiegen und kaufe möglichst direkt beim Erzeuger ein. Egal, wofür du dich entscheidest, deine Entscheidung hat Einfluss. Essen macht erst richtig Spaß, wenn der Inhalt wirklich stimmt. Unser Körper ist unsere Tankstelle. Kochen ohne Rezept ist ein kleiner Schubs von meiner Seite. Öffne die Scheuklappen, um zu erkennen, was echter Genuss bedeutet.

Kochinspiration

# Der Superschmelz

**Superschmelz | Lauch | Geröstete Walnüsse | Frittierter violetter Grünkohl | Joghurt pur | Asia-Zupfsalat**

Der Superschmelz ist ein besonders großer Kohlrabi und hat mich auf einem meiner ersten Herbst-Winter-Besuche auf dem Birsmattehof im Baseler Land zu diesem Rezept inspiriert. Mitten in der Pandemiezeit habe ich mich an meinen Feuerherd gestellt und mich von der Stille, nur unterbrochen durch das Knistern des Feuers, leiten lassen. Wie befreiend das Kochen sein kann und wie wenig man dazu braucht, kann man mit diesem Rezept erfahren.

## Zutaten

Superschmelz, Lauch, Walnüsse, Federkohl = Violetter-Grünkohl, Apfel-Balsamico, Leindotteröl, Senf, Apfeldicksaft, Salz, Pfeffer

## Zubereitung

Den Superschmelz in Scheiben schneiden und in einer vorgeheizten Pfanne im Öl goldbraun braten, mit Apfel-Balsamico, Salz, Pfeffer und Apfeldicksaft verfeinern. Den Lauch fein schneiden, leicht glasig braten und würzen. Die Blätter vom Grünkohl in einer Pfanne im Öl kross-frittieren und danach salzen. Das Ganze dann lauwarm anrichten, mit dem kalten Joghurt, dem Asia-Zupfsalat und gerösteten Walnüssen anrichten. Apfeldicksaft, Senf, Apfel-Balsamico, Leindotteröl, Salz, Pfeffer zur Vinaigrette verrühren und alles leicht beträufeln. Sooo gut!!!

**HINWEIS** Wenn Gemüse und Obst biologisch und ohne Chemie angebaut wurden, bleibt die Schale dran – gut für die Gesundheit und das Aroma! Das gilt übrigens für fast alle Gerichte aus diesem Buch, weshalb ich nie davon schreibe, dass Obst oder Gemüse geschält werden müssen.

# Meine Inspiration

Fantasie ist der Schlüssel und Motor zur Kreativität. Eine Aufgabe ohne Kreativität kann ich mir schlichtweg nicht vorstellen. Die Fantasie ist meine Inspirationsquelle und kommt oft unerwartet und nicht immer so wie man sie braucht.

Ich kann mich noch genau erinnern, wie ich in einem Sommer am Bodensee auf der Liegewiese lag, mein Gesicht, Augen geschlossen, in die Sonne hielt und mir »Brennnessel Pesto mit Tomate und Wassermelone« vorstellte. Damals war ich 17. Ich hatte manchmal so einen kreativen Lauf, dass ich mich vor Energie kaum halten konnte, etwas Neues auszuprobieren. Zum Teil konnte ich es aber gar nicht umsetzen, da mir anfangs das Wissen fehlte oder ich zu viele Ideen hatte, die ich am liebsten alle auf einen Teller zusammenbringen wollte.

In meiner Zeit bei Käfer in München habe ich mich an meinen freien Tagen auf den Marienplatz gestellt und mir die vielen Lebensmittel angeschaut, um immer neue Kombinationen im Kopf zu basteln. Die daraus entstandenen Kreationen durften die Mitbewohnerinnen in meiner damaligen WG ausprobieren, die sich jedenfalls nicht bei mir beschwert haben.

Es gab Zeiten, da habe ich ununterbrochen gekocht und an Ideen getüftelt. Als ich im Sternerestaurant bei Cornelia Poletto in Hamburg-Eppendorf gearbeitet habe, wohnte ich direkt über dem Restaurant in Cornelias alter Wohnung. Oft bin ich erst nach Mitternacht nach Hause gekommen und war dennoch voller Ehrgeiz, noch zu kochen, nur um wieder etwas Neues auszuprobieren.

Pasquale, einer der besten Kellner, die ich kenne, und der damals ebenfalls dort wohnte, kannte diese nächtlichen Eskapaden nur zu gut, die wir mit dem entsprechenden Wein abrundeten. Es konnte manchmal bis morgens um drei oder vier Uhr gehen

Sehnsucht
Heimat

und um acht Uhr musste ich schon wieder raus. Das machte mir nichts aus, da ich voller unbändiger Energie war. Einmal durfte ich sogar im geschlossenen Sternerestaurant für eine junge Frau kochen, die ich eingeladen hatte. Pasquale hatte extra einen großartigen Tisch gedeckt und den Service dafür vorbereitet. Allerdings tauchte mein Date an diesem Abenc nicht auf und meine Stimmung war im Keller. Kurzerhand gönnten Pasquale und ich uns das geplante Menü einfach selbst und hatten einen der genialsten gemeinsamen Abende. Fast wie bei Dinner for One, nur ohne Happy End.

Aber meine Erfahrung ist nicht auf die europäische Küche begrenzt. Meine Kreativität lebt von internationalen Einflüssen. Als ich für ein Team der Formel 1 gekocht habe, konnte ich die Märkte der Welt bereisen und mein Repertoire enorm erweitern. Die Geschichten aus dieser Zeit würden ein zweites Buch füllen. Ein Jahr lang habe ich ein kulinarisches Projekt in Tokio begleitet und japanischen Köchen die deutsche Küche nahegebracht, unterstützt von einer persönlichen Dolmetscherin. Die japanische Küche gleicht für mich immer noch einer Religion und ich habe es genossen, die dortige Esskultur in all ihren Facetten kennenzulernen.

Es hat mir Freude bereitet, mit anderen Kulturen zu arbeiten. Meine Zeit als Trend-und-Food-Konzeptverantwortlicher zwischen Zürich, Frankfurt und New York hat meinen Hunger nach immer mehr Inspiration schlussendlich gesättigt.

Ich bin dankbar, dass mir auf all diesen Stationen immer so viel Vertrauen entgegengebracht wurde, dass ich die Freiheit hatte, auf meine Intuition zu vertrauen und meine eigene Emotionsküche zu schaffen. Ich kann mir Rezepte vor meinem geistigen Auge vorstellen und schmecke sogar, was ich mir ausmale zu kochen. Für Menüs, die ich in meiner Zeit in Restaurants, für

Events und Konzepte kreiert habe, habe ich mir Skizzen gemalt. Es hilft mir, Ideen zu visualisieren und zu reflektieren, bis ich sie tatsächlich umsetze. Es geht dabei nicht darum, das Rad neu zu erfinden, denn das haben die großen Götter in Weiß (die Köche) bereits vor vielen Jahrzehnten getan. Ich bin von der Vision überzeugt, dass ein Gericht Geschichte, Charakter und Seele hat. Heute möchte ich auf dem Teller zeigen, wie wertvoll ein gesunder Lebensmittelkreislauf ist, und mich nicht mehr an der ganzen Welt bedienen.

Ich bin bei Weitem kein Picasso oder Hans Zimmer der Küche, vielmehr mische ich Farben und Töne, die nicht immer zu greifen sind. Es geht mir darum, den Menschen beim Essen ein gutes Gefühl zu vermitteln. Im besten Fall können sie den Geschmack nicht in ihre bisherigen Erfahrungen einordnen, aber er hat sie glücklich gemacht.

Ich bin ein Freigeist und so koche ich auch, dennoch bin ich von ganzem Herzen Koch und schätze all das, was ich gelernt habe und meine Lehrmeister und Lehrmeisterinnen, ohne die ich nicht wäre, wo ich heute bin.

Dazu gehören auch all die Menschen, die mir ihre Lebensmittel gezeigt haben und mit denen ich mich unterhalten habe. Von ihnen will ich im Folgenden erzählen.

# Das Holz aus Thomas' Wald

Der Familie des Waldbesitzers Thomas gehört eine der ältesten Scheunen in Immenstaad und sie liegt genau gegenüber dem Haus meiner Schwiegereltern, vom dem ich oft ganz ehrfürchtig hinübersehe, wie sich dort das Holz in seinen unterschiedlichsten Formen und Maserungen stapelt. Die Scheune wirkt schon fast nostalgisch im langsam immer moderner werdenden Ortskern. Als wäre die Zeit an diesem Ort stehen geblieben.

Ich wünschte, wir Menschen wären alle so reif wie das Holz, aus dem diese Scheune gebaut wurde und dem man die Spuren der Zeit auf so wunderbare Weise ansieht. Es berührt mich jedes Mal, es ist fast, als habe es einen eigenen Charakter, ich kann es schwer beschreiben, aber es hat so etwas Ursprüngliches und ich finde es schade, dass viele Menschen den Bezug dazu verloren haben und diese Dankbarkeit nicht fühlen (können).

Thomas strahlt eine Zufriedenheit aus, die spürbar etwas mit Glückseligkeit zu tun haben muss. Er ist eine Seele von einem Menschen, mit einem ausgeprägten Charakter, stabilen familiären Werten und stark verwurzelt in der Natur. Er hält jährlich zwei Schweine und führt den Obstanbau und den Holzverkauf seiner Familie zusammen mit seiner Frau Monika und seinem über 90 Jahre alten Vater. Der Senior fasziniert und beeindruckt mich, wie er eisern aber zufrieden noch jeden Tag mit anpackt. Ich glaube fest daran, dass wer sich so ausnahmslos und zufrieden mit der Natur im Einklang befindet wie der alte Herr, gute Chancen hat, annähernd so alt wie ein Mammutbaum in Thomas' Wald zu werden.

Thomas ist für mich so wichtig, weil er und sein Holz mich inspiriert haben, dieses Buch zu realisieren. Und natürlich hat das Holz auch mit dem Befeuern meines Herds zu tun, auf dem ein Großteil meiner kulinarischen Inspirationen entstanden sind. Ich erinnere mich, wie oft ich mich am Anfang kaum getraut habe

zu Thomas rüberzugehen. Ich hatte so viel Respekt und Ehrfurcht in mir und traute mich kaum, mich zu zeigen. Darüber zu sprechen, wie sehr mich das alles inspirierte und dass seine Scheune ein Gefühl in mir aufkommen ließ, das ich sehr lange verdrängt und in meinem Leben vermisst habe.

Als ich Thomas an einem Sonntag im Sommer 2020 in seinem Garten stehen sah, blickte er etwas bedrückt auf den Bodensee. Diesmal traute ich mich und es kam zu einer Unterhaltung zwischen uns, in dem es um das Waldsterben ging und dass dies nun auch in seinem Waldstück begonnen hatte. Das Waldsterben hatte durch verschiedene Einflüsse gravierend an Fahrt aufgenommen. Die Natur ist vor allem dem Klimawandel und der Globalisierung zum Opfer gefallen, was maßgeblich mit der Rolle des Menschen zu tun hat. Unser Leben und unsere Werte haben auf alles Einfluss, so auch hier. Diese tragende Rolle zieht sich durch alle Geschichten, die ich in diesem Buch erzähle.

Thomas erzählte mir, dass er sich dennoch vor Holz kaum retten kann und gar nicht weiß, wohin damit. Manchmal kommt er vollbeladen mit wundervollen Baumstämmen aus seinem Wald zurück und bearbeitet sie mit seiner Bandsäge. Nach der Zerlegung zeichnen sich wundervolle Maserungen am Holz mit seiner dicken Rinde. Ich wollte unbedingt mehr darüber erfahren und er lud mich ein, ihn in seinen Wald zu begleiten. Dieser Besuch hat mich tief berührt. Es war, als hätte er mich in das Wohnzimmer seiner Großeltern eingeladen. Er ermöglichte mir einen Blick in sein Herz und seine Seele und dafür bin ich immer noch sehr dankbar.

Thomas kennt dort jeden einzelnen Strauch, kann die Art benennen und das Alter der Bäume angeben, er hat ein wahnsinniges Wissen darüber. Vor nicht allzu langer Zeit hatte ein schwerer Sturm eine große Lücke in seinem Wald hinterlassen und ich habe gespürt, wie es Thomas immer noch mitnimmt, wenn er darüber spricht. Nicht umsonst stapelt sich reihenweise das Holz vor seiner Scheune. Diese Atomsphäre zu

spüren, so nah am Ursprung unserer Natur zu sein, ist atemberaubend, vor allem wenn man ihre Komplexität in einfachen Worten von Thomas erklärt bekommt.

Seine Antwort darauf, wie man mit dem Waldsterben umgehen soll, kann man auch auf unser Leben übertragen, bei dem weniger Eingriffe aus meiner Sicht ebenso sinnvoll wären: »Du musst den Wald ein Stück weit sich selbst überlassen, denn das Sterben des Waldes und das Liegenlassen der Bäume ist der Humus für neues Leben. Dazu musst du Neues anpflanzen und einfach ausprobieren, was passiert. Im Prinzip wie beim Kochen auf deinem Feuerherd. Das ist ein Stück weit auch ein Experiment, Hauptsache es schmeckt am Ende.«

Thomas zeigte mir eine Stelle, an der ein sehr alter Baum durch den besagten Sturm umgestürzt war. Wo gehobelt wird,

fallen Späne. Die Späne in meiner Hand und der umgestürzte, aber noch zu guten Teilen erhaltene Baum aus Thomas' Wald brachten mich auf eine Idee: Ich wollte vor seiner Scheune einen Vesper-Abend (»Vesper« bezeichnet im süddeutschen Raum die »Brotzeit«) veranstalten und dabei wertvollen Menschen, Familienmitglieder, Freunde und Freundinnen, Handwerker und Handwerkerinnen zum Essen an einem Tisch versammeln.

So war der »Vesperbaum« geboren. Der Baum wurde einmal längs halbiert und zeigte sich in seinem Kern nochmals in seiner ganz eigenen Schönheit. Gehobelt und auf Holzböcke vor der Scheune platziert entstand so nach und nach das Bild, das einen besonderen Abend prägen sollte. Ich hatte es schon vor Augen, aber nur durch das Mitwirken vieler toller Menschen, wie Thomas und seiner Frau Monika, meiner Frau Carolin und unserer Familie, wurde es einzigartig. Die besten Momente entstehen, wenn wir als Menschen zusammenkommen und den Wert eines guten Essens miteinander teilen und genießen können.

Das Vesper hat auch etwas mit meinen schwäbischen Wurzeln zu tun und an meinem Feuerherd werkelnd habe ich daran gearbeitet, es in die neue Zeit hinüberzutragen. Ich habe versucht, das unkomplizierte Miteinander und die Wertschätzung für den Lebensmittelkreislauf zu vereinen.

Meine Idee war es, verschiedene Gewerke und Menschen um meinen Vesperbaum zusammenkommen zu lassen. Landwirte, Metzgerinnen, Fischer, Bäckerinnen und Köche sollten sich hier an einem Tisch wiederfinden.

Dazu habe ich sie alle an ihrer Wirkungsstätte besucht. Weil es mir wichtig ist, den Ursprung meiner Lebensmittel zu kennen und sie entweder selbst zu verarbeiten oder in ihrer reinsten Form aus erster Hand zu erhalten. Meine Frau, meine Eltern und meine Schwiegermutter sorgten für einen familiären Rahmen. Der Wert von gutem Essen und gemeinsamer Zeit wurde an diesem Tisch ausgiebig gelebt und miteinander genossen.

Durch die eigene Verarbeitung von Lebensmitteln spüre ich eine größere Wertschätzung, mehr Genuss und Qualität. So habe ich mir Gedanken gemacht, was ich für das Vesper kreieren kann. Denn alles ist nur so gut wie das Lebensmittel an sich. Ich habe die Handwerker besucht, um alle Zutaten und Lebensmittel zusammenzubringen. Dann feuerte ich meinen Herd an und nach und nach deckte sich der Vesperbaum.

# Der Vesperbaum

BROT
Sauerteig Holzofenbrot

FISCH AUF BROT
Halbgebeizter Saibling | Gebratenes Holzofenbrot | Braune-Butter-Senf-Sauce-Rouille | Fermentiertes Rotkraut | Birkhofer Apfel | Meerrettich

GRÜNE BUTTER IM BLUMENTOPF
Liebstöckel-Butter | Meersalz

SCHMALZIG ANDERS
Schweineschmalz | Speck | Apfel | Weißbier | Rote Zwiebeln | Majoran

FERMENTIERTES AUS DEM GARTEN
Rotweinessig-Radieschen
Kurkuma-Apfelessiggurke

DIE TELLERSULZ VON DER SAU
Bier-Sülze | Gesottene Schweinenuss | Eingelegter Rauchspeck | Soja-Ei | Kurkuma-Gurke | Karotte | Radieschen-Schnittlauch-Vinaigrette

VOM METZGER WINKLER
Rauchspeck | Schwarzwurst | Pfefferbeißer | Peitschen-Leberwurst | Grober Senf

DER EHREN KÄSIGE
Allgäuer Bergkäse | Helgas Trauben

BRATKATOFFELSALAT
Bartkartoffeln | Vinaigrette

HERZHAFTER PFIRSICH
Süße Überraschung

zu verkaufen

Kochinspiration

# Fisch auf Brot

**Halbgebeizter Saibling | Gebratenes Holzofenbrot | Braune-Butter-Senf-Sauce-Rouille | Fermentiertes Rotkraut | Birkhofer Apfel | Meerrettich**

Wer am See wohnt, braucht kein Meer mehr. Zum Vesper passt auch ein gebeizter Fisch, dieser wird ähnlich kurz gegart wie eine peruanische Ceviche. Die Vielfalt des Vespers sollten wir nicht nur auf Wurst reduzieren.

## Zutaten Beize

Gebeizter Bodensee Saibling, Beize mit Senfkörnern, Fenchelsamen, Koriandersamen, Meersalz, Gin, Rübenzucker, Meersalz

## Zutaten Fermentiertes Rotkraut

Rotkohl, Senfkörner, Johannisbeersaft, Rotweinessig, Lorbeer

## Zutaten Braune-Butter-Senf-Sauce-Rouille

Braune zerlassene Butter, Grober Senf, Gekochte Kartoffel, Knoblauch, Salz & Pfeffer

## Zubereitung

Meine Zubereitungsarten sind Ableitungen von Basisrezepten, die du überall findest. Sei einfach mutig und nutze die Basis, um kreativ zu werden.

Kochinspiration

# Die Tellersulz von der Sau

**Bier-Sülze | Gesottene Schweinenuss | Eingelegter Rauchspeck | Soja-Ei | Kurkuma-Gurke | Karotte | Radieschen-Schnittlauch-Vinaigrette**

Die Tellersulz ist im Schwäbischen und Badischen ein Stück Esskultur, welches in den Gasthäusern heute fast ausgestorben ist. Diese Art von Gerichten bedeutet Kochen im Sinne von ganzheitlicher Verwertung. Selbst wenn uns solche Gerichte nicht persönlich ansprechen, können wir als heutige Überflussgesellschaft inhaltlich etwas davon lernen.

## Zutaten Sulz

Schweinsfüße und -Kopf, Schweinebäckchen, Bier, Karotten, Zwiebeln, Senfkörner, Koriandersamen, Lorbeer, Salz, Pfeffer

## Zutaten Soja-Ei

Rauchspeck, Brühe via Sulze, hart gekochtes Ei, Rauchspeck, Rote Zwiebel, Sojasauce, Honig

## Zutaten Saure Kurkuma-Gurke

Gurke, Kurkuma gemahlen, Senfkörner, Lorbeer, Apfelessig, Honig, Apfelsaft naturtrüb

## Zutaten Radieschen-Schnittlauch-Vinaigrette

Radieschen, Rotweinessig, Sonnenblumenöl, Rote Zwiebel, Schnittlauch, Salz, Pfeffer

### Zubereitung

Die Sulze ist der Kern des Gerichts und ich wo lte der ursprünglichen Zubereitung gerecht bleiben, die Gelatine natürlich zu gewinnen. Schwein oder nicht Schwein, wenn das Lebensmittel gesund genährt und ein gutes Leben hatte, steht dem Genuss nichts im Weg.

Kochinspiration

# Bratkartoffelsalat

**Bratkartoffeln | Vinaigrette**

Kartoffelsalat ist ein ursprüngliches Gericht und erinnert oft an die Oma, die ihn so gut macht, dass man ihn unmöglich nachkochen kann. Alles, was emotional ist, kann man unmöglich nachmachen, deshalb lege ich mich nicht mit Oma an.
Mein Kartoffelsalat ist eine Ableitung aus den besten Überbleibseln wie zum Beispiel Ofenkartoffelspalten oder Bratkartoffeln. Die Röststoffe machen daraus einen echten Umami-Kartoffelsalat, ganz ohne Maggi.

## Zutaten

Festkochende Kartoffeln mit Schale, Rote Zwiebeln, Liebstöckel, Apfelessig, Grober Senf, Sonnenblumenöl, Honig, Salz, Pfeffer, Bio-Sojasauce

## Zubereitung

Lauwarm geröstet in der gusseisernen Pfanne oder frisch aus dem Ofen wird der Kartoffelsalat auf einmal ganz einfach und geschmacklich vielschichtiger. Nachdem die kalte rustikale Vinaigrette direkt auf die heißen Kartoffeln kommt, ist der Kartoffelsalat 2.0 schon fertig. Viel mehr brauchen wir nicht, um glücklich zu sein.

Kochinspiration

# Herzhafter Pfirsich

**Marinierter Pfirsich | Honigquark | Geröstete Hanfsamen | Kürbiskernöl | Thaibasilikum**

Desserts sind nicht so mein Ding, aber wenn, dann gehe ich den einfachsten und unkonventionellen Weg. Das heißt, ich mache Desserts so, wie ich koche. Handwerklich sehr einfach, aber dafür mit Tiefgang. Dies ist das einzige Dessert in meinem Buch, denn ich bleibe lieber bei dem, was ich wirklich liebe: kochen.

## Zutaten

Schwarztee, Bodensee Whisky, Pfirsichsaft, Birkhofers-Pfirsiche, Kardamom, Sternanis, Honig

**Dazu** Quark, Hanfsamen geröstet, Thaibasilikum, Kürbiskernöl

## Zubereitung

Der Pfirsich wird mit dem Zahnstocher eingestochen und in einem heißen Sud aus den angegebenen Zutaten eingelegt und direkt verschlossen in einem Glas eingemacht. Das Glas wird gleich kalt gestellt und schon nach einem Tag hast du den Genuss von der Frucht und das Aroma von dem Sud. Alles andere setzt sich pur zusammen, ganz simpel.

# Ein
# Metzger
# mit Herz

Karle Winkler ist ein echtes Original und ein Herzensmensch. Wenn du heute in die Metzgerei Winkler gehst, dann begegnest du neben tollen, langjährigen Mitarbeitern und Mitarbeiterinnen auch seiner herzlichen Frau Sandra und ihrem Sohn Philipp, der die Metzgerei in der dritten Generation weiterführt.

Ich bin schon als Jugendlicher gerne zu Winklers und habe mich auf einen der besten Leberkäse vom Bodensee gefreut. Wer diesen Bezug zu einem vertrauten Geschmackserlebnis kennt, weiß, dass man Heimat schmecken kann. Ein bestimmtes Nahrungsmittel so stark mit einem Gefühl verknüpfen zu können, ist etwas Besonderes und ich habe viele solcher Geschmacks-erinnerungen. Dadurch, dass meine Eltern schon immer den Genuss und die Qualität von Lebensmitteln zelebriert haben, bin ich dankbarerweise mit dieser Wertschätzung aufgewachsen.

Wenn ich an die Metzgerei Winkler denke, dann habe ich sofort den herrlichen Duft von kaltem Geräucherten in der Nase und fühle diese freundliche, lebhafte Energie, die herrscht, wenn du zur Tür reinkommst. Man kennt sich hier und vertraut auf eine generationenübergreifende Qualität.

Die Metzgerei Winkler ist der Ort, wo Frau Nopper und Herr Lindner sich jeden Donnerstag ihre Kalbsleber oder ihren Schweinebraten holen und sich zum neuesten Dorfgespräch über die Theke hinweg austauschen. So weiß man hinter der Wursttheke auch, wer immer hundert Gramm dünn aufgeschnittenen Kalten Braten für die Kätzchen zu Hause bekommt. Die Metzgerei ist eben auch ein Ort der Begegnung. Das bekommt man in keinem Supermarkt am Kühlregal.

Mein Bewusstsein für Lebensmittel hat sich mit Blick auf das Tierwohl und den Gebrauch von Konservierungsstoffen noch mehr sensibilisiert. Die Metzgerkultur muss sich dahingehend hinterfragen und zukünftig mehr Transparenz schaffen. Der Schritt von der konventionellen zur lokal-ökologischen Aufzucht und Schlachtung ist meines Erachtens der einzige Weg. Die wenigsten wissen, was sie ihrem Körper mit dem Verzehr von minderwertigem Fleisch antun und vertrauen auf das Angebot, das oft allein vom Preis bestimmt wird. Ich verzichte immer mehr auf Fleisch und halte es für besonders wichtig, zu wissen, wie es hergestellt und verarbeitet wird, um verantwortungsvoll zu konsumieren.

An einem Sommernachmittag habe ich mich mit Karle verabredet, da ich etwas mehr über ihn als Mensch und sein Handwerk erfahren wollte. Ich erinnere mich noch genau, wie wir bei ihm zu Hause über der Metzgerei in seiner Küche saßen. Es gab leckere Hartwurst, natürlich aus der eigenen Metzgerei und dazu ein kaltes Bier. Was will man mehr, wenn sich zwei leidenschaftliche Handwerker miteinander austauschen wollen. Draußen donnerte und regnete es in Strömen und ich erzählte ihm von meiner Vision, auf meinem Feuerherd zu kochen, und von der Idee des Vesperbaums. Wir waren uns schnell sympathisch und Karle hat für unsere Vesperauswahl seinen geräucherten Speck vorgeschlagen.

Ich kann gut auf Fleisch verzichten. Pflanzliche Alternativen und Fleischersatz können uns genauso ernähren und sind oft die Antwort auf unsere indiskutable Tierhaltung – man hat oft schlicht keine andere Wahl. Aber ich schätze und genieße gutes Fleisch, bei dem ich weiß, woher es kommt, und dass das Tierwohl geachtet wird. Ich möchte mit meinem Weg mir selbst und auch meinem Umfeld bewusst machen, dass wir es in der Hand haben, uns für eine bessere Tierhaltung zu entscheiden.

Es war mir wichtig, Karle auch mal bei seinem Handwerk hinter der Theke zu besuchen und ich habe mich insbesondere für

die Herstellung seines Specks interessiert. Da standen wir also in seinem ehemaligen Schlachtbereich vor vier hängenden Schweinehälften. Ich betrachte das Leben immer mit großem Respekt und war selbst schon beim Schlachten dabei. Karle erzählte mir von abenteuerlichen Erlebnissen, wie früher die Rinder zu Fuß vom Stall des Bauern zum Schlachthof geführt wurden und wie immer mal wieder ein Tier ausgebüxt und durchs Dorf geflüchtet ist. Eine kleine Zeitreise. Wahnsinn, wenn man sich das vorstellt. Heute wissen wir teilweise gar nicht mehr, was bei uns auf dem Teller liegt.

Karle hat zusammen mit seinem Vater damals auch noch Hausschlachtungen im Ort durchgeführt. Dazu kamen sie zu den Haushalten, die noch eigene Hausschweine hielten und haben dort geschlachtet. Der Metzger bekam da noch klassisch seinen Schnaps, man hat sich mit Respekt Zeit genommen und das Tier selbstverständlich als Ganzes verwertet. So sind viele Spezialitäten wie auch die Tellersulz entstanden, die ich für mein Vesper nach traditioneller Herstellung neu interpretiert habe.

Auch wenn ich diese Zeit nicht selbst miterlebt habe, fühle ich mich ihr sehr verbunden. Ich bin einfach eine alte Seele. Und wenn mir Karle Winkler so von früher erzählt, dann blicke ich sehnsüchtig zurück auf eine Zeit, in der die Wertschätzung für Lebensmittel, die mir so wichtig ist, noch selbstverständlich war.

Es ist mir klar, dass wir das Rädchen nicht zurückdrehen können, aber was wir zu uns nehmen, liegt immer noch in unserer eigenen Verantwortung. Ich bin überzeugt, dass heute gerade wegen der Schnelllebigkeit, die Möglichkeit, etwas zu verändern, nicht eine Frage von Zeit ist. Es geht vielmehr darum, konsequente Entscheidungen für die eigene Lebensqualität zu treffen. Mir ist es wichtig aufzuzeigen, wie viel mehr Spaß essen macht, wenn man die Lebensmittel und ihre Geschichte kennt und sie zu schätzen weiß. Wir können alle öfter auf Fleisch verzichten und auch hinterfragen, was wir da eigentlich zu uns nehmen.

Ein Satz von Karle Winkler ist mir in diesem Zusammenhang besonders im Gedächtnis geblieben: »Was in die Wurst reinkommt, kommt auch wieder raus.« Danke Karle, dass du mir von deiner Handwerksgeschichte erzählt hast.

# Zurück zum kulinarischen Ursprung

In diesen Zeiten des Wandels bin ich sicher nicht der Einzige, der sich auf den Weg gemacht hat, um etwas in seinem Leben zu verändern. Gespürt habe ich schon lange, dass wir gesellschaftlich den Zenit überschritten haben, doch der Weg zurück zum Ursprung ist kein leichter. Wie sollen wir uns von all den Dingen befreien, von denen wir immer mehr haben sollen und mit denen wir immer höher, schneller und weiter kommen sollen? Wie können wir erkennen, was gut ist und was nicht? Nicht alles war falsch, aber an vielen Stellen haben wir es einfach maßlos übertrieben.

Ich bin Koch, das Kulinarische liegt mir in der DNA, und deshalb blicke ich auch aus dieser Sicht auf den Überfluss unserer Welt. Bei meiner letzten beruflichen Station als Trend-Kulinariker für Flughafen-Lounges, habe ich für mich gemerkt, dass es so nicht mehr weitergehen kann. Das globale kulinarische Verpflegungskonzept in der Luft und auf dem Boden ist nachhaltig gesehen nicht sinnvoll. Es war für mich in dieser Welt nicht mehr möglich, für diese Menschen zu kochen. Die Lebensmittel, die wir nutzten, waren weder fair noch transparent gehandelt und ich war an einem Punkt angekommen, an dem ich nicht mehr die Augen davor verschließen konnte.

Durch die Globalisierung gibt es immer mehr auch globale Lebensmitteltrends und wir gehen radikal mit unseren ursprünglichen Esskulturen um. Produkte werden nicht mehr lokal, sondern global hin und her geschoben und in einem uneingeschränkten Maße angeboten. Das führt zur Erschöpfung eines gesunden Lebensmittelkreislaufs. Und zu sinkender Qualität, weil alles dem Wachstumsdruck unterliegt.

Aus diesem Kreislauf versuche ich mich seither zu befreien, damit ich noch Einfluss habe auf das, was ich zu mir nehme. Und ich versuche, auf meinen eigenen ökologischen Fußab-

druck zu achten. Ich habe für mich erkannt, dass der Weg zum Ursprung der Weg zur Unabhängigkeit ist. Wenn wir mehr weglassen und uns auf das konzentrieren, was wir wirklich brauchen, kann jeder etwas dazu beitragen, den kleinen gesunden Lebensmittelkreislauf direkt vor der eigenen Haustüre zu unterstützen. So kommt man dem Ursprung etwas näher und auch tragbaren Werten. Es ist ein Ausklingen aus dem Überfluss und das können wir alle ein stückweit beeinflussen, wenn wir lernen, wieder zu verzichten.

Ich kann es im Ernährungsangebot und am industrialisierten Umgang mit dem Leben und unseren Lebensmitteln klar beobachten. »Zu jederzeit überall ohne jegliche Konsequenzen«, sind die Vorgehensweisen mancher Mechanismen, welche die Gesellschaft immer mehr als Anspruch übernommen hat. Meines Erachtens wird uns suggeriert, in einem vom vorgegebenen Angebot abhängigen Kreislauf gefangen zu sein. In Wahrheit hat es jeder selbst in der Hand, etwas dagegen zu unternehmen.

Zurück zum Ursprung, das ist für mich die Antwort auf all diese Probleme. Dieses Motto leitete meinen Weg. Ich konnte das erst für mich annehmen, als ich meinen eigenen Überfluss loslassen konnte. Wir sind als Gesellschaft von so viel umringt, dass wir vergessen haben, was wir wirklich brauchen und was nicht. Es ist Zeit, wieder für etwas zu stehen und uns n cht manipulieren zu lassen.

Deshalb gehe ich heute den direkten Weg zu unseren lokalen Erzeugern, um dem kulinarischen Ursprung näherzukommen. So auch an einem sonnigen und windigen Frühjahrsmorgen, als ich 2021, wie schon oft, spontan bei meiner Fotografin Kim anrief und meinte: »Kim, ich muss mir was von der Seele kochen, lass uns zum Spargelhof von Raithers fahren.« Mit dem Überfluss hinter mir und zwei neuen Kochinspirationen in meinem Kopf, packte ich spontan ein paar Zutaten und meine Küchenhexe in meinen VW-Bus.

Es war gerade Spargelsaison und den besten Spargel gibt es bei der Familie Raither am Bodensee, wo ich schonmal angefragt habe, an der wunderbaren Kulisse mit Blick auf den See kochen zu dürfen. Der Hofladen war zu dem Zeitpunkt gerade offen, und die Seniorchefin war ganz neugierig, was ich wohl mit ihrem Spargel kochen wollte. Ich hatte auch noch etwas Geflügel vom Bio-Landhof um die Ecke dabei und damit auch noch eine weitere Kochinspiration im Gepäck. Es war ein großartiger Tag, an dem ich dem kulinarischen Ursprung wieder etwas näher gerückt bin.

Kochinspiration

# Spargel mit Stiel

**Weißer & Grüner Spargel | Gebratenes Souffliertes Eiweiß & Confiertes Eigelb | Nussbutter Fond | Schnittlauchblüten**

Auf dem Hof der Familie Raither gibt es einen der besten Spargel und einen der schönsten Blicke über den Bodensee. Der Spargel ist eine der wenigen Gemüsearten, die noch eine saisonale Bedeutung haben. So wie wir uns auf Spargel freuen, so sollte es auch mit allem anderen Saisongemüse sein; alles zu seiner Zeit. So freut man sich auch wieder auf die Fülle im nächsten Jahr.

## Zutaten

Spargel weiß & grün, Ei, Butter, Apfelessig, Schnittlauchblüten, Bärlauchöl, Apfeldicksaft, altes und getrocknetes Brot, Salz, Pfeffer, Sonnenblumenöl

## Zubereitung

Den weißen Spargel schälen, schräg halbieren und nur ganz kurz in kochendes Salzwasser geben, mit einem Schuss Apfeldicksaft und einem Stück altem, getrockneten Brot sowie den Spargelschalen blanchieren. Das Brot entzieht dem Spargel die Bitterstoffe. Den Sud aufheben und ein paar Flocken Butter dazugeben. Der grüne Spargel wird schräg halbiert und kann direkt angeröstet werden. Den blanchierten weißen Spargel dann ebenfalls rösten und mit dem Spargelbutterfond ablöschen. Das Eigelb in Butter glasig confieren und das aufgeschlagene Eiweiß fluffig braten. Zusammen mit etwas von dem Sud und dem selbstgemachten Bärlauchöl ein fulminanter Saisonstart.

Kochinspiration

# Das Superhuhn

**Gezupftes Butterhuhn | Bierkarotten | Urdinkel | Fettknusper | Karottengrünzeug**

Dieses Gericht ist eines meiner tiefschichtigsten und zugleich rustikalsten Gerichte, da es für mich das Gefühl von Heimat in eine neue Zeit überführt. Es ist kein bekannter Klassiker, sondern einer der Neuzeit. Egal, wo man herkommt, man wird es fühlen. Wenn wir mit Fetten biologischen Ursprungs kochen, dann haben wir es mit gesunden Fetten zu tun. Es lohnt sich, die alten Kochbücher wieder aufzuschlagen und zu lernen, wieder mit wenigen Komponenten zu kochen.

## Zutaten

Karotten inkl. Grün, Butterschmalz, Hühnerschenkel, Urdinkel, Bier, Semmelbrösel, lokale Zitrone, Salz, Pfeffer

## Zubereitung

Die Hühnerschenkel würzen, in einer Pfanne sanft braten und in warmem Butterschmalz bedeckt mit Zitrone glasig schmoren. Die Karotten grob in Stifte schneiden und im Butterschmalz der gegarten Hühnerschenkel braten, würzen und mehrmals mit Bier ablöschen. Der Urdinkel wird al dente gekocht und ebenfalls in Butterschmalz geröstet und unter die Karotten gemengt. Die Hühnerschenkel werden nach dem Garen von der Haut befreit. Diese wird klein gehackt und mit den Semmelbröseln zum Fettknusper im Butterschmalz gegart. Das Hühnerfleisch zupfen und ebenfalls in Butterschmalz garen; etwas vom Zitronenfleisch mit dazugeben und dann ist das Gericht bereit.

# Die Fischerin vom Bodensee

In Gedanken die bekannte Melodie im Ohr stand ich etwas aufgeregt vor der Fischerei von Edith Dickreiter. Mein Großvater hatte bereits bei ihrem Großvater Fisch eingekauft und heute führt Edith die Fischverarbeitung und den Verkauf in der dritten Generation. Eine solche Historie in einem Familienhandwerk beeindruckt mich, aber ich würde noch erfahren, wie schwierig es geworden ist, davon zu leben.

Ich schaute zur angelehnten Türe der Fischerei hinein, wo mir ein angenehmer Duft von frischem und geräuchertem Fisch entgegenwehte. Der Raum ist fast komplett gefliest und darin standen drei Damen, die gerade am Einräumen des Fischkühlhauses waren. Ich rief also in den Raum und fragte nach Frau Dickreiter, die sich mit einem verwunderten Blick zu mir drehte und sich freundlich zu erkennen gab. Sofort spürte ich, dass ich einen Menschen mit viel Persönlichkeit und Lebenserfahrung vor mir stehen hatte. Ich erzählte ihr von mir und meinem Vorhaben und dass ich sie, die Fischerin vom Bodensee, und ihre Geschichte mit in mein Buch aufnehmen wollte. Sofort hatte ich auch Ideen für ein Rezept mit frisch geangeltem Bodenseefisch auf meinem Feuerherd.

Ein halbes Jahr später klappte es dann und ich saß bei ihr am Küchentisch. Wir unterhielten uns über alles Mögliche und haben dabei schnell festgestellt, dass wir ähnliche Werte teilen. Wir sprachen über den Wandel in der Gesellschaft, die verlorene Wertschätzung, Aquakultur »ja oder nein«, das langsame Aussterben des Fischerhandwerks durch den Klimawandel und natürlich über das Fischen an sich.

Mir wurde schnell klar, dass auch für ihr Handwerk die Wertschätzung in der Gesellschaft leider immer mehr verloren geht. Wir redeten fast ohne Punkt und Komma, und es war wirklich sehr viel Energie und Herz dabei. Zwei Handwerker, denen die

Werte fürs Leben und für Lebensmittel gleichermaßen wichtig sind, können sich stundenlang unterhalten. Ich hörte genau hin, was Edith zu erzählen hatte. Sie ist nicht nur Fischerin, sondern auch anerkannte Fleischkontrolleurin im Bodenseekreis. Das Fischen allein reichte schon zur Zeit ihres Vaters nicht mehr ganz aus, um dauerhaft über die Runden zu kommen.

Heute ist der Fischfang so stark zurückgegangen, dass man ohne Zukauf davon nicht mehr allein leben kann. Das hat viele verschiedene Gründe und in den meisten Fällen ist der Mensch im Ergebnis dafür selbst verantwortlich. Die zugezogenen Kormorane fressen zwar unglaubliche Fischmengen, machen aber kaum einen Unterschied, denn früher waren die Netze trotzdem voll, sagte Edith. Da konnte man sich noch auf das Wetter, die Jahreszeiten, den Platz und den Fischerinstinkt verlassen. Heute gibt es kaum noch Berufsfischer, sodass sie nur noch eine der wenigen Fischerinnen und Fischer am See ist.

Edith findet kaum noch Zeit, selbst auf den See zu fahren, deshalb hat sie sich mit einem Fischer zusammengetan, der für sie fängt und sie verarbeitet den Fisch dann weiter. Nachvollziehbar und dennoch traurig. Als ich Edith danach fragte, ob es ihr nicht fehlt, regelmäßig zum Fischen auf den See zu fahren, bejahte sie. Natürlich.

Einige Monate später sitze ich mit Edith an einem frühen Sommermorgen auf ihrem Fischerboot und sie erzählt mir von früher, während sie gerade den Fisch, der vor wenigen Stunden gefangen wurde, in einem Eimer mit Wasser ausnimmt.

Edith kommt aus einer Fischerfamilie und es war selbstverständlich mit anzupacken. Sie wuchs schon früh umringt von Bodenseefisch und unter der Leitung ihres Großvaters und Vaters als Bodenseefischerin auf. Edith sagt, dass der Geruch von frischem Fisch für sie das natürlichste der Welt sei. Generell hat man sich heute in der Gesellschaft von vielen natürlichen Gerüchen entfremdet und empfindet manche als unangenehm.

Die Sterilität in Lebensmittelunternehmen als Folge wachsender gesetzlicher Auflagen zerstört eine Kultur von Kleinbetrieben und fördert das Wachstum großer Industrien, die auf

Masse kostengünstig produzieren können. Dieser Trend sollte uns zu denken geben. Denn sterilisierte Betriebe begünstigen auch die Entstehung resistenter Keime. Wollen wir es darauf ankommen lassen, oder lieber wieder zu natürlichen Lebensmitteln zurückkehren?

Edith erinnert sich daran, dass sie als Kind eine Zeit lang sehr schwach war. Ursache dafür war ein Calciummangel. Ihr Großvater war ein waschechter Fischer und echtes Original und die beiden hatten eine enge Bindung zueinander. Man hatte nicht viel Geld, also kam ihr Opa auf eine Idee: Er nahm das Knochengerippe der filetierten Fische, an denen etwas mehr Fischfleisch hängen blieb, würzte sie gut und briet sie zu krossen Chips. Für Edith ist das bis heute nicht nur gesund, sondern eine Kindheitserinnerung, die für sie zur Delikatesse wurde.

Edith zeigt mir den Motor auf ihrem Boot, das ihr Vater ihr vererbt hat. Man spürt schon beim Erzählen, wie sehr ihr das Boot am Herzen liegt und wie viele Erinnerungen darin stecken. Der Motor liegt zwischen Heck und Bug und somit liegt dieses Boot sehr ruhig im Wasser, was sehr günstig für einen guten Fischfang ist. Man kann es nur zu zweit bedienen und da der Fang heute nur noch sehr gering ist, lohnt es sich gar nicht mehr im großen Stil die Netze auszuwerfen. Auch der heutige Fang ihres Kollegen aus Meersburg besteht nur aus sechs traurigen Felchen und ein paar Saiblingen. Aber immerhin. Denn ich will für Edith etwas auf meinem

Wasserrettung
112
OG immenstaad

Herd damit zaubern. Ich bin unglaublich dankbar dafür, dass sie sich die Zeit genommen hat, und ich ihr ein Stück meines Handwerks an den See bringen und zeigen durfte, was mir an ihrem liegt.

Mein Herd steht mit Holz eingeheizt unmittelbar direkt am Hafen gegenüber von ihrem Boot, es gibt immer wieder Interessierte, die uns zusehen. Ich mache mich an das Entgräten, unglücklicherweise habe ich nicht die richtige Grätenzange dabei, sie wird es mir verzeihen. Ich habe eine kalte Vorspeise vorbereitet, den »Flüssigen Kopfsalat«, dessen Frische und Säure den Gaumen auf den darauffolgenden Fisch einstimmen sollen. Danach genießen wir den Fisch. Wertvolles Essen mit wertvollen Menschen macht glücklich.

Edith gibt mir einen Satz mit auf den Weg, den ich nochmals zitieren möchte: »Wenn es so einfach wäre, sagen die schottischen Fischer auf den äußersten Hebriden, dann würden die alten Frauen in Badewannen aufs Meer hinausrudern und die Fische fangen.« Danke Edith für deine Zeit und dein Vertrauen, ich habe dich als Mensch ins Herz geschlossen.

Kochinspiration

# Flüssige Kopfsalatsuppe

**Kopfsalat | Frühlingslauch | Essiggurken | Gartenkräuter | Weizenkeimöl**

Salat als Suppe, wie soll das zusammenpassen? Es geht mir bei diesem Rezept um Möglichkeiten der ganzheitlichen Verwertung. Hier kann alles bis zum Äußersten verwertet werden – auch der Strunk. Das Gericht ist einfach, punktet mit einem vertrauten Geschmack, und gleichzeitig überrascht und erfrischt es. Wer sich einen heißen Sommertag mit einem eiskalten, knackigen Salat mit Joghurtdressing vorstellen kann, ist hier zu Hause. Die Spanier haben die kalte Gazpacho als Suppe und wir den flüssigen Kopfsalat.

**Zutaten**

Knackig frischer Kopfsalat, Joghurt, Apfelessig, Frühlingslauch, Senf, Honig, Salz, Pfeffer, Wasser

**Dazu** Saure Kurkuma-Gurke, Weizenkeimöl

## Zubereitung

Die Zutaten für die Kopfsalatsuppe werden gemixt. Dabei darauf achten, dass sie nicht so sauer wird wie eine Vinaigrette, sondern die Frische von Joghurt und Kopfsalat im Gleichgewicht mit Süße, Säure und Würzigkeit ausbalanciert ist. Die knackigen Kopfsalatherzen zupfen, Lauch hineinschneiden, Gurke, Joghurt, Öl und Pfeffer zugeben, und schon hat man ein frisches leichtes Gericht, dessen Zutaten ineinanderfließen.

Kochinspiration

# Fischers Seele

**Gebratene Seele | Radieschenblatt-Quark | Seefische im Kräuter-Papillote gegart | Saure Rotwein-Radieschen & Saure Kurkuma-Gurke | Radieschenblatt-Pistou**

Ich wollte den Fischern am See ein Denkmal setzen in diesen Zeiten des Wandels. Sie sind Teil unserer Kultur, schaffen Gleichgewicht zwischen Natur und Genuss auf unseren Tellern. Ich möchte uns ins Bewusstsein rufen, dass wir mit unserem direkten Einkauf Einfluss auf den Schutz und die Wertschätzung der Fischer und Fischerinnen haben. Jeder am See kennt die Seele vom Bäcker um die Ecke, das Gericht schlagt die Brücke zwischen See und Land. Alle Zutaten sind lokal zu bekommen. In meinen Gerichten ist mir die mehrfache Verwendung einzelner Zutaten wichtig, um mit dem, was man hat, originell und sinnvoll umgehen zu können.

## Zutaten

Seele vom Bäcker, Bodensee-Fische wie Felchen und Saiblinge, Quark, Radieschen mit Grün, Leindotteröl, Salz, Pfeffer, Honig, Rosmarin, Bohnenkraut, Liebstöckel, junger Knoblauch

**Dazu** Saure Kurkuma-Gurke, Saure Rotweinessig-Radieschen

## Zubereitung

Halbierte Seele in Öl, Kräuter und Knoblauch goldbraun braten. Fisch in Kräuter und Knoblauch im geschlossenen Backpapier einseitig vier bis fünf Minuten braten, zur Seite stellen und glasig ziehen lassen. Um Fisch auf den Punkt zu garen, muss man ein Gefühl entwickeln, Mut und Übung sind das Rezept. Die Blätter

der Radieschen im Öl geschmeidig fein oder grob zur Soße mixen und würzen, einen Teil in den Quark. Jetzt alles nach Lust belegen. Saures Gemüse dazu gibt dem ganzen Pfiff.

# Markus, der

# Swiss-
# Highlander

Markus, ist ein waschechter Solothurner Landwirt mit Herz und ein in sich ruhender Mensch, welchen ich als Freund sehr schätze. Der Titel passt zu ihm wie die Faust aufs Auge, denn wenn Markus auf den grashohen Feldern seiner Rinder steht und nach ihnen ruft, bekommst du einfach nur Gänsehaut. »Chum sassaassa, chum sa, chum sassassa chum« ruft er ihnen zu und spätestens beim dritten Laut kommt die ganze Herde gemächlich in seine Richtung marschiert. In diesem anmutigen Moment bist du sprachlos.

Diese Tiere sind atemberaubende Geschöpfe und jedes für sich eine eigene Persönlichkeit. Das Alphatier gibt einen muhenden Laut in die Herde und erst dann folgen alle anderen. Dieser Schutz der Herde ist ein Merkmal dieser kleineren Rinderrassen mit dem wunderschönen langen Fell und ihrem gigantischen Gehörn. Sie sind im wahrsten Sinne des Worts königlich, denn die ersten Tiere aus Markus' Herde hofierten dazumal wohl auf Ländereien der Queen von England.

Markus arbeitet auf einem sozial orientierten Landwirtschaftsbetrieb in Baselland, wo er nicht dem gesellschaftlichen Konsumdruck unterworfen ist. Es geht um die Resozialisierung von Menschen, die auf dem Hof ein echtes Handwerk erlernen dürfen.

An einem sonnigen Samstagmorgen im August 2021 standen wir zusammen auf der Weide. Mit uns Kim, die schon von Anfang an Fotos für mein Buch macht. Dieses Shooting war definitiv einer dieser emotionalen Schlüsselmomente, die wir nie vergessen werden. Die Tiere wirkten fast so einzigartig wie die berühmten Gorillas im Nebel.

Wo Markus ist, da ist normalerweise auch Andi nicht weit. Andi ist für mich ein Lebenskünstler im Gemüse- und Gartenbau. Wenn er über seine Peperoni, Ingwer und Tomaten erzählt, dann spürst du regelrecht seine Leidenschaft und sein Wissen. Wir drei haben uns in der Zeit der Pandemie kennen und schätzen gelernt. Wir haben den ein oder anderen kulinarischen Abend miteinander verbracht und schnell gemerkt, dass wir alle für etwas stehen, und einfach echte Genießer sind, die sich gegenseitig schätzen. Leider konnte Andi am Tag unseres Shootings nicht dabei sein, weshalb Markus und ich den besonderen Tag mit unseren beiden Frauen geplant hatten. Ich durfte mich zuvor im wachsenden Hofgarten für den Tag eindecken. Allein das Gemüse selbst vom Feld zu pflücken sorgt für ein ganz anderes Koch- und Essgefühl.

Was ich mit dem kulinarischen Tag bei Markus festhalten wollte, war die Beziehung zu seinen Hochlandrindern und den Weg bis hin zur Schlachtung und Fleischveredelung. Es ging mir um den ganzen Prozess der Wertschätzung und des Genusses, für das ganz offensichtlich ein Tier sterben musste. Bei Markus spürt man die besondere Beziehung zu seinen Tieren. Wenn er wieder eines zum Schlachthof bringt, geht das nicht einfach spurlos an ihm vorbei.

Einige Wochen zuvor war die 15-jährige Kuh Imarella zum Schlachter gekommen und vom Kopf bis zum Schwanz in alle Teile verarbeitet worden. Ein ganzer Hochrücken von stolzen 9,5 Kilo war durch lange Reifung für unseren Tag daraus veredelt worden. Ich kann mich noch genau daran erinnern, wie wir damals das gigantische Stück Fleisch beim Metzger abholten. Markus muss anfangs gedacht haben, dass ich völlig verrückt bin. Die Idee war, einen Teil der 9,5-Kilo-Hochrippe vor seinen noch lebenden Rindern live auf meinem Herd zuzubereiten.

Die Gratwanderung, meinen Herd vor die lebenden Rinder auf die Weide zu stellen, war haarscharf. Doch ich war hundertprozentig davon überzeugt, denn ich wollte mit Demut und Respekt einen echten Moment zwischen Bewusstsein und Genuss festhalten.

Von Koch zu Bauer wollten wir den befremdlichen Konsum von Fleisch als Ware gesellschaftlich klarstellen. Die Ignoranz, Fleisch ohne Bewusstsein für seine Herkunft zu konsumieren, kann so nicht weitergehen. Bei Markus leben die Tiere ein langes, stressfreies Leben, haben genug Auslauf und ernähren sich fast ausschließlich von Weidegräsern. Nur so sollte es ausschließlich jedem Tier gehen. Es ist doch ganz einfach: Wenn wir mit einem Lebewesen gut umgehen, dann kommt auch Gutes zurück.

Gute Tierhaltung kostet Geld und Zeit, dass sollte es uns bei allem, wofür wir sonst so selbstverständlich Geld ausgeben, wert sein. Für unseren Körper, zum Wohl des Tieres und für unsere Umwelt. Wir haben es selbst in der Hand, Fleisch aus ökologischer Zucht zu kaufen und die richtigen Bauern und Bäuerinnen zu unterstützen. Das Einzige, was jeder und jede Einzelne von uns entscheiden muss, ist sein Kaufverhalten so zu verändern, dass Massentierhaltung damit nicht unterstützt wird. Flexitarier ist das einzig richtige Maß und dafür müssen wir nicht gleich Vegetarier oder Veganer werden.

Markus wohnt mit seiner Freundin Leonie im wunderschönen Baselland in einem süßen kleinen, almartigen Haus direkt im Grünen. Wir wohnten dazumal nicht weit voneinander entfernt.

Es war ein sonniger heißer Tag und die Hochlandrinder grasten rund um das Haus, was für unseren geplanten Tag perfekt war. Meine Küchenhexe war bereits mit dem Traktor auf dem Grundstück vor die Weide platziert worden. Meine Frau Carolin gestaltete einen schönen visuellen Rahmen für unseren kulinarischen Tag. Nur ein dünner Drahtzaun trennte uns und meinen hochgeheizten Feuerherd jetzt noch von den Rindern. Dahinter standen Markus und seine Hochlandrinder und unmittelbar davor brutzelte in Rosmarin und Knoblauch die Hochrippe auf meinem Feuerherd. Ein unfassbar emotionaler Moment, als dann auch noch eines der Rinder ganz nah bei uns an meinem Herd stand. Ich hatte demütiges Herzklopfen und für einen Moment Tränen in den Augen. Ich dachte mir, wer sind wir Menschen schon im Vergleich zum Tier, wenn wir das Leben nicht mehr in unserem Essen anerkennen.

Das Fleisch hatte einen unglaublich puren intensiven natürlichen Geschmack und die 15 Jahre alte Kuh ist sicher nicht umsonst gestorben, das verspreche ich euch. Als Kontrast hatte ich einige vegetarische Beilagen, direkt aus Andis Gemüsegarten zubereitet. Purer, frischer und geschmackvoller geht es nicht. Darunter war unter anderem gebratener bunter Mangold mit verschiedenen besonders schmackhaften Tomaten und Himbeeren. Es gab auch einen ganzen Kurkuma-Blumenkohl, gedämpft und geröstet.

Dazu eine Haselnuss-Bier-Hollandaise, Kräuterjoghurt und ein Granola von meiner Carolin. Die Idee war es, viele vegetarische Komponenten um das Thema zu bauen, um zu zeigen, dass es kein Fleisch braucht, um ein Gericht komplett zu machen.

Wir haben den ganzen Nachmittag geschlemmt und getrunken und den Tag in vollen Zügen als Freunde genossen. Markus, ich bin dir so dankbar, dass wir diesen Moment für die Ewigkeit festhalten konnten. Ich bin sicher, wir werden uns alle noch oft daran erinnern und den ein oder anderen damit zum Nachdenken anregen. Du bist jedenfalls mein Held einer respektvollen Tierhaltung.

Kochinspiration

# Der Blumige

**Kurkuma-Blumenkohl | Kräuterjoghurt | Haselnuss-Bier-Hollandaise | Granola**

Der Blumenkohl hat für mich etwas Ästhetisches. Seine Blumigkeit wollte ich in den Farben des Sommers zusammenbringen und mit allen Sinnen auskosten. Der Blumenkohl wurde im Orient aber auch bei uns schon immer gern gegessen und auf verschiedene Arten zubereitet. Zum Beispiel überbacken, mit Semmelbröseln und hartgekochten, gehackten Eiern. Es gab früher viel mehr kreativ Vegetarisches, man hat es nur nicht so kategorisiert wie heute. Weil es einfach ganz normal war, dass Fleisch nicht immer verfügbar und erschwinglich war. Heute erlebt der Blumenkohl in der vegetarischen und veganen Küche seine Renaissance – absolut verdient.

## Zutaten

Blumenkohl, Joghurt, Gartenkräuter, Mandelcreme, Weizenbier, Granola nach deiner Vision, Apfelessig, Salz, Kreuzkümmel, Kurkuma, Honig, Sonnenblumenöl

## Zubereitung

Den Blumenkohl mit einer Marinade aus Kurkuma, Salz und Öl marinieren und in einem Asia-Dampfkorb »al dente« dämpfen. Die Konsistenz mit einem kleinen Küchenmesser überprüfen. Er sollte ein wenig Widerstand in der Mitte geben. Die Kräuter in Öl zu einer feinen Creme mixen und dann unter den Joghurt heben, damit es nicht zu flüssig wird. Für die Hollandaise die Butter durch Haselnusscreme ersetzen. Den Blumenkohl mit einem Bunsenbrenner abflammen und alles schichtweise darüber träufeln. Das Gericht ist lauwarm und für den Hochsommer und Herbst passend. Sei kreativ. Einfach.

Kochinspiration

# Vom Highlander

**Hochrippe vom Hochlandrind | Kräuter & Knoblauch | Gebratener bunter Mangold | Saure Rotweinzwiebel | Andis bunte saftige Tomaten | Beeren vom Strauch**

Ich werde den Genuss mit diesem bewussten Respekt nie vergessen. Ein perfekt gereiftes Fleisch von einem Tier, das wirklich ein tolles Leben hatte, und gleichermaßen das Bewusstsein dafür, was wir tun, hat mich demütig gestimmt, aber umso dankbarer. Dazu ein hochwertiges Gemüse, dass sich farblich und genussvoll saftig an das niedergegarte Fleisch schmiegt, da brauchst du außer einem guten Öl und Kräutern nicht viel. Ein gutes Stück Fleisch am Knochen gegart braucht seine Zeit. Nur wo gute Energie drinsteckt, kommt auch gute Energie in unsere Ernährung.

## Zutaten

Hochrippe vom Hochlandrind, Knoblauch, Rosmarin, Rote Zwiebel, bunter Mangold, bunte Tomaten, Beeren, Meersalz, Pfeffer, Rotweinessig, Honig, Butterschmalz

## Zubereitung

Die Hochrippe im eigenen Fett kross in Kräutern und Knoblauch braten und würzen. Bei circa 80 bis 100 C° im Ofen auf eine Kerntemperatur von 55 C° garen. Das Fleisch muss anschließend nochmal ruhen und wird dann nachgebraten, aufgeschnitten und nochmals im warmen Kräuterbutterschmalz scheibchenweise mit etwas groben Meersalz gewälzt. Mangold und Zwiebeln werden kurz gebraten, mit Rotweinessig, Honig, Salz und Pfeffer

mariniert und mit den grob geschnittenen Tomaten mit Beeren veredelt. Wenn wir den Wert und die Herkunft unserer Lebensmittel kennen, dann bekommt alles eine intensivere Wertigkeit und wird zum echten Genuss.

# Karle

und seine

# Äpfel

Der Apfel hat einen hohen Stellenwert am Bodensee, obwohl davon lokal gesehen im Verhältnis gar nicht mehr so viel in Umlauf kommt. Karle, um den es in diesem Kapitel gehen soll, ist ausgebildeter Polizist, der sich irgendwann ganz dem Obstbau seines Vaters verschrieben hat.

Karle ist sehr bescheiden, wenn es um seine Arbeit geht, auch wenn Ertrag, Preisdruck und Ernteaufwand im Obstbau in einem ungesunden Verhältnis zueinander stehen. Ich würde sagen, dass man es fast schon unmenschlich nennen kann, was dabei an Energie aufgewendet wird und was schlussendlich den Obstbauern zum Leben bleibt.

Der Bodenseeobstbau ist sehr konventionell geprägt, was bedeutet, dass hier zum Großteil Pflanzenschutzmittel für den maximalen Ertrag und zum Schutz der Pflanzen eingesetzt werden. Es wird heute immer transparenter, was die Perfektionierung eines makellosen Apfels, ohne Macken, unsere Umwelt und Gesundheit tatsächlich kosten. Dass etwas gut aussieht, bedeutet noch lange nicht, dass es gut für unseren Körper ist. Es gibt mittlerweile zahlreiche Studien, die belegen, dass wir durch Pestizide unsere Gesundheit und die Umwelt stark belasten.

Karle hat für sich selbst erkannt, dass dies so nicht weitergehen kann, und sich auf den Weg gemacht, den Betrieb auf Bio umzustellen. Das hat er mir erzählt, als ich ihn im Rahmen meiner »Vesperbaum-Recherche« auf seinem Feld besucht habe. Er hat sich schlussendlich dennoch gegen das Siegel, aber für den möglichst ökologischen Weg entschieden.

Man merkt Karle an, wie stark der Druck von außen ist. Für eine Tonne Äpfel 30 Euro, da bleibt einem die Spucke weg, wenn man bedenkt, dass viele heimische Äpfel auf dem Weltmarkt landen und bei uns im Einzelhandel dann chinesische oder spanische Äpfel zum Dumpingpreis verkauft werden.

Einige Landwirte stehen in diesem Konstrukt der industriellen Landwirtschaft deshalb stark unter Druck, diesen Weg mitzugehen, obwohl der ökologische Weg eigentlich der einzige Ausweg ist, vom gesunden Boden hin zum gesunden Ertrag. Die Entscheidung liegt bei uns selbst.

Das Thema ist aufgrund des Klimawandels längst zum Politikum geworden. Wer glaubt, dass dies mit den aktuellen Praktiken gelöst werden kann, kann lange warten. Es geht aus meiner Sicht nur, wenn konventionelle Erzeuger*innen und Bio-Erzeuger*innen nicht gegenseitig mit dem Finger aufeinander zeigen, denn alle leisten etwas. Doch Fakt ist auch, es kann mit dem Fokus auf maximalen Ertrag und dem steigenden Einsatz von Chemie nicht weitergehen. Wir müssen das Rädchen ein Stück zurückdrehen, um gesunde Lebensmittel zu produzieren. Meine Frau und ich kaufen nur noch aus Bio-Kreisläufen, da wir das unterstützen, was uns und unserer Umwelt guttut.

Karle ist ein sympathischer Typ und man kann wirklich einiges von ihm lernen. Ich erinnere mich noch sehr genau, als ich

ihn mit meinem Herd auf seiner Obstanlage besucht habe. Der Apfel ist ein wichtiges Kulturgut und da er immer wieder Bestand in meinen Gerichten hat, wollte ich ihm auch hier eine eigene Bühne bieten. Danke Karle, dass du so offen warst, uns dein Feld zur Verfügung zu stellen.

# Wilder Herbst

## im Wald

Der Herbst ist für mich, neben dem aufblühenden Frühling, die schönste Jahreszeit. Gerade im Wald zeichnen sich dann die unglaublichsten Farben ab. Farben inspirieren mich auch beim Kochen und so bastle ich mir oft meine Gerichte aus Farben und Geschmacksbildern zusammen.

Im Herbst 2021 plante meine Schwiegermutter mit dem Heimatverein einen »Immenstaader Waldtag«. Vom ursprünglichen Baumfällen, dem Holzsägen und der Jagd bis hin zu brisanten Fragen rund um das aktuelle Waldgeschehen waren viele Themen erlebbar. Der Tag sollte direkt draußen am Waldrand stattfinden, damit er zum Greifen nahe ist. Ich glaube fest daran, dass im Einfachen das Echte und Authentische der Zukunft liegt. Deshalb sollten wir die Natur bewusster mit einbinden, um wichtige Themen sicht- und erlebbar zu machen.

Weil Wald und Feuerholz perfekt zu meiner Küchenhexe passten, wurde ich gebeten, für die Besucher und Besucherinnen des Waldtages auf meinem Feuerherd ein Wildgericht zuzubereiten. Ich war sofort begeistert von der Idee.

Vom Jäger Endres wurde das Wild direkt frisch für den Anlass in den heimischen Wäldern Immenstaads geschossen, besser und lokaler kann es fast nicht sein. Vorbereiten konnte ich das Gulasch bei meinem Freund Jürgen in seiner Hotelküche im Seehof. Für den Tag im Wald brauchte ich zwei Feuerherde, um für so viele Menschen mein Gulasch vor Ort auf den Punkt zu kochen. Dazu ein lokales Brötchen vom Bäcker Weber. Was braucht man mehr?

Es ist immer wieder eine Herausforderung, mich auf die Einfachheit beim Kochen zu reduzieren und dabei das Maximale an Herz und Kreativität herauszukitzeln. Schlussendlich liegt die echte Perfektion in der Unperfektheit und Einfachheit des Tuns.

Bleibt gesund!
Bitte tragen Sie einen Mund-Nasen-Schutz
Bitte Abstand halten!
Mindestens 1,5 m
Vielen Dank!

Mein Weg ist es heute, mich an klassischen Gerichten zu orientieren, die Tiefe und den Geschmack gut zu treffen, aber weg von der Schwere. Das Aroma soll ganz pur genießbar sein. Sprich, lieber wird man von der Soße etwas beschwipst, als das man an der falschen Stelle im Geschmack spart. Doch beim Kochen gibt es viele Wege, ich folge meiner Erfahrung und meiner Intuition und lass es einfach passieren.

Carolin und ich waren als das Kitchen-unplugged-Team beim Waldtag am Start. Ich arbeite so gerne an der Seite meiner Frau und genieße es, mit ihr gemeinsam die Menschen kulinarisch zu überraschen. Das ist uns auch diesmal geglückt. Die positiven Rückmeldungen zu unserem Wildgulasch, das wir »Wildes vom Wald« getauft haben, waren überwältigend: »So ein Gulasch habe ich ja noch nie gegessen!«, »Was ist in der Soße drin?« – alle wollten mehr wissen.

Umringt von Holzarbeiten, Jagdhornbläsern, Geschichten rund um den Wald und Führungen durch den Wald, hat der Tag bei den Besuchern und Besucherinnen vielfältig gewirkt. Der Wald und seine Herbstfarben inspirierten mich dazu, die Kulisse zu nutzen, um noch zwei weitere Herbstgerichte auszuprobieren.

Es ist schon beeindruckend, wie sehr die Natur sich im Essen spiegelt, wenn man mit den Jahreszeiten geht. Ich hatte ein

Portfolio an Zutaten von den umliegenden Bauernhöfen und vom Markt mit dabei und probierte mit ein paar Grundideen im Hinterkopf einfach aus.

Meine Frau ist meine ehrlichste Genusskritikerin und deshalb gebe ich viel auf ihren Eindruck. Das Umfeld war natürlich auch neugierig und so schafften es noch drei weitere Gerichte von diesem Tag ins Buch.

Kochinspiration

# Wildes vom Wald

**Rehgulasch | Dinkelbrötchen**

Wild ist wohl eine der natürlichsten Arten, um Fleisch zu essen, da das Tier im besten Fall ein völlig freies selbstbestimmtes Leben hatte. Sprich, es hat sich gesund und natürlich ernährt und hatte einen in der Regel schnellen Tod in seiner gewohnten Umgebung. Was mir bei der Zubereitung für den Waldtag wichtig war, war von den schweren Wild-Schmorgerichten wegzukommen. Eine leichte Soße sollte es werden, mit einem relativ ausgeglichenen Anteil an Wurzelgemüse und sehr viel Glühwein.

## Zutaten

Rehkeulen und -nuss, Rote Zwiebeln, Karotten, Pastinaken, Äpfel, Stangensellerie, Glühwein, Butterschmalz, Lorbeer, Tomatenmark, Sonnenblumenöl, Gewürzmischung (unter anderem Boxhornklee, Kardamom, Zimt, Wachholder, Fenchelsamen), gemörsert Salz, Pfeffer, etwas Kartoffelstärke

## Zubereitung

Das Wild aus der Keule als feines Ragout und das Gemüse in ungefähr gleicher Menge und in etwa gleicher Größe zum Wild schneiden. Das Fleisch und Gemüse würzen und separat kräftig, aber sehr kurz braten, damit es noch schön saftig und knackig bleibt. Das Fleisch mit den Zwiebeln und dem Stangensellerie vermengen, mit Tomatenmark weiterrösten, würzen und fast 1:1 mit dem Glühwein ablöschen, sodass es fast bedeckt ist. Bei einem guten Glühwein vom Winzer sind schon alle fein abgestimmten Gewürze enthalten, sodass es eine Runde Note

bekommt. Das Fleisch lasse ich eine Nacht bei 65 °C saften und koche es am nächsten Tag vor dem Servieren auf und gebe das restliche Gemüse dazu. Ich lasse es nochmal 45 Minuten köcheln und binde die Rotweinsauce nur leicht mit Kartoffelstärke und etwas kalter Butter glänzend ab. Ich könnte mich reinlegen.

Kochinspiration

# Schupf-Pfanne 2.0

**Schupfnudeln | Gelbe und Rote Beete | Mangold | Bratapfel | Schwarzer Lauch | Bergkäse**

Schupfnudelpfanne mal anders, mit allen Farben, die der Herbst so zu bieten hat. Geschmack lässt sich nicht nur durch gute Soßen erzeugen, sondern auch durch Röstaromen und durch das Spiel mit Würze und Säure. Es braucht nur etwas Liebe und ab geht die Pfanne. Meine Frau und ich lieben solche Gerichte, die farbenfroh, einfach, aber originell im Geschmack sind.

## Zutaten

Dinkelmehl, mehlig kochende Kartoffeln, Ei, bunter Mangold, Apfel, Lauch, Rote und Gelbe Beete, Bergkäse, Rotweinessig, Leindotteröl, Muskat, Salz, Pfeffer

## Zubereitung

Aus gekochten gepressten Kartoffeln, Dinkelmehl, einem Ei, Salz und Muskat Schupfnudeln machen. Die Rote Beete auf Salz im Ofen garen, nach dem Schälen geröstet mit Salz, Pfeffer und Rotweinessig verfeinern. Den Lauch auf der Herdplatte auf allen Seiten schwarz werden lassen. Das ist die ursprünglichste Art, um Gemüse im eigenen Saft zu garen. Der Lauch wird dann geschält und das Innere ist wunderbar aromatisch. Der Mangold wird kurz gebraten. Die Schupfnudeln in Leindotteröl und Salbei goldbraun braten, alle Gemüsesorten werden dann nach und nach mitgebraten und verfeinert. Auf dem Teller dann mit geriebenem, kräftigen Bergkäse garnieren.

Kochinspiration

# Kurkuma-Linsen-Brot

**Gebratenes Brot | Buchweizen | Spinat | Austernpilze | Blaubeeren | Haselnuss | Weizenkeimöl**

Brot, das man Braten kann, kennt man vielleicht aus Indien, das Naan-Brot. Davon habe ich meine Idee abgeleitet und ein Linsen-Brot kreiert, das durch die saftig gekochten Linsen seine Fluffigkeit erhält und beim Braten dadurch aufgeht. Der Belag sollte auch den Herbst und Wald widerspiegeln.

## Zutaten

Dinkelmehl, Ei, Joghurt, Alb-Linsen, Buchweizen, Spinat, Kürbis, Buchweizen, Austernpilze, Wald-Heidelbeeren, Rotweinessig-Zwiebeln, Apfelessig, Sonnenblumenöl, geröstetes Haselnussöl, Waldhonig, Kurkuma, Lorbeer, Salz, Pfeffer

## Zubereitung

Das Brot wird mit Mehl, Ei, Joghurt und in Kurkuma-Wasser gekochten Linsen zu einem luftigen Teig verarbeitet. Dieser ruht dann abgedeckt circa eine Stunde an einem warmen Ort und wird dann beliebig ausgewellt und in einer heißen Pfanne mit Fett, beidseitig schwenkend, gebraten. Der Kürbis wird zum Kürbispüree, der Buchweizen mit Lorbeer al dente gekocht und mit dem Spinat und den Heidelbeeren gebraten und gewürzt. Die Pilze kross im Fett braten und am Schluss mit etwas Apfelessig, Waldhonig sowie Salz und Pfeffer verfeinern. Alles findet dann Schicht für Schicht seinen Platz auf dem luftigen Kurkuma-Linsen-Brot. Zum Abschluss etwas geröstetes Haselnussöl darüberträufeln. Wow, so ein geiles Gericht.

Kochinspiration

# Gebratener Gemüsesalat

**Urkarotten | Petersilienwurzel | Topinambur | Rosenkohl | Grünkohl | Vinaigrette**

Ich liebe es, Salate zuzubereiten und lasse mich von dem inspirieren, was ich gerade da habe. Der gebratene Gemüsesalat, warm, lauwarm oder auf Raumtemperatur, ist vom Geschmack ganz außergewöhnlich. Man kann auch wunderbar die Gemüsepfanne von gestern nochmal zum Salat veredeln. Einfach mit der Vinaigrette in einer großen Schüssel servieren und mit etwas Brot auf den Tisch stellen. Schon ist das Mittagessen fertig.

## Zutaten

Petersilienwurzel, Karotten, Urkarotten, Topinambur, Rosenkohl, Apfel, Grünkohl, Rote Zwiebel, Apfelessig, Öl nach eigenem Geschmack, scharfer Senf, Apfeldicksaft, Salz, Pfeffer

## Zubereitung

Der Grünkohl wird in Salzwasser nur ganz kurz blanchiert. Das Wurzelgemüse wird, wie ich es nenne, »unegal« in winklige Stifte geschnitten und in einer heißen Gusspfanne in Öl angeröstet. Nach einiger Zeit kommen die Äpfel, Zwiebeln und der Rosenkohl dazu. Wenn das Gemüse goldbraun ist, wird mit Salz, Pfeffer, Apfelessig und Apfeldicksaft alles abgeschmeckt. Der Grünkohl kommt dann auch mit dazu. Kurz danach alles heiß in eine

Salatschale geben und mit einer leichten Vinaigrette aus Essig, Öl, Senf, Apfeldicksaft, Salz und Pfeffer warm marinieren. Ein dampfend aromatischer Salat auf dem Tisch hat etwas Festliches.

Arbeiten auf dem

# Bio-Bauernhof

In der besonderen Zeit der Pandemie waren die Bauernhöfe für viele Menschen plötzlich zum Greifen nahe. Es war, als würde man seine Umgebung mehr wahrnehmen, da man bewusste Zeit dafür hatte. Für mich war es nicht nur eine Frage der Zeit, sondern eine Entscheidung, mich möglichst von der Konsumgesellschaft wegzubewegen, um eine neue Richtung einzuschlagen.

Das Kochen auf meiner Küchenhexe brachte mich dazu, mich selbst auf das Wesentliche zu reduzieren. Ich bezog meine Lebensmittel nun fast ausschließlich von den umliegenden Bauernhöfen und wollte mich damit selbst ein Stückweit herausfordern. Ich spürte bei mir bereits mehr als nur einen Sinneswandel, es war so, als wäre ich auf einem ganz neuen Pfad. Mein wachsendes Interesse, noch bewusster mit der Natur zu arbeiten, war für mich wichtiger denn je. Ich wollte etwas anderes, etwas Greifbares, etwas das in Verbindung mit meiner Berufung steht. Für mich war klar, ich möchte direkt mit den Lebensmitteln zu tun haben und nicht mehr in irgendeiner Küchenstruktur eingebunden sein. Ich wollte für etwas Echtes stehen.

Es war Zeit meinen Kompass neu zu stellen, um den richtigen Platz für mich zu finden und meinen persönlichsten Weg zu gehen. Mein Interesse für Landwirtschaft und die Überzeugung für biologischen Anbau brachten mich dazu, mich auf verschiedenen Höfen zu bewerben. Vielleicht konnte ich als Quereinsteiger in der Landwirtschaft anfangen und eine neue Verbindung zu meiner Berufung schaffen?! Einfach in die Erde greifen, eins mit der Natur sein und hart arbeiten, um den Körper wieder zu

spüren. Mein Geist war müde und die Seele brauchte etwas zu tun. Ich wollte eine Arbeit, die vor allem Sinn ergibt. Und was ist sinnvoller, als mit der Natur zu arbeiten? Es ist nicht so einfach als ungelernte Fachkraft einen Zugang zu dieser Welt zu bekommen. Das war für mich eine ganz neue Erfahrung und es fuchste mich, denn ich wollte unbedingt dort Fuß fassen. Zumal ich bisher durch meine Referenzen als Gastronom immer weitergekommen war und nun zum ersten Mal wieder bei null anfing.

Ein Hof hatte es mir besonders angetan, der Birsmattehof, derzeit einer der größten Biobetriebe im Baselland, der über eine Genossenschaft finanziert wird. Ich ging dort schon einige Zeit regelmäßig mein Gemüse einkaufen, wenn ich wieder an einem neuen Gericht auf meinem Herd tüftelte. Ich blieb sehr hartnäckig und penetrant, bis ich dann endlich zum Gespräch eingeladen wurde.

Alexander, der landwirtschaftliche Leiter, betreibt den Hof von circa 70 Hektar Land zusammen mit seiner Frau Nicole und seinem Team. Alexander war nach meinen hartnäckigen Bewerbungen so neugierig, dass er mich und meine Geschichte kennenlernen wollte. Bei meinem Besuch waren wir fast zwei Stunden im Gespräch und er machte mit mir einen Hofrundgang, damit ich alle Arbeiten kennenlernen konnte. Die Felder, die großen Gewächshäuser und einen Stall mit Rinderhaltung. Das Gemüse wurde gepflanzt, geerntet, gerüstet und auf dem Hof und den regionalen Märkten verkauft. Zusätzlich werden dort an guten Tagen über 1.000 Gemüsekörbe für Kundinnen und Kunden gepackt und ausgeliefert. Von den eigenen Rindern verkaufen sie das Fleisch.

Der Birsmattehof ist ein vielseitiger und spannender Betrieb und das Team besteht aus Leuten aus Afrika, Neuseeland, Italien, Polen, Deutschland und vielen anderen Ländern aus der ganzen Welt.

Für uns beide war es eine Herausforderung, mich sinnvoll in den Betrieb zu integrieren. Wie konnte ich als erfahrener Gastronom und unerfahrener Landwirt einen Mehrwert bieten?

In der Landwirtschaft bin ich keine ausgebildete Fachkraft, sondern ein Quereinsteiger. Wir entschieden uns, es einfach zu versuchen und eine Probezeit anzugehen. Ich sollte mal als Allrounder anfangen, damit ich den ganzen Ablauf verstehe. Meine Probezeit begann um 6:30 Uhr mit einem Kaffee und einer morgendlichen Teambesprechung auf dem Hof, bei der die Teams durch die Verantwortlichen Abteilungen zugeteilt wurden. Ich durfte direkt morgens aufs Feld, nach der Kaffeepause ging es zum Gemüserüsten. Es gab ein reichhaltiges und gesundes Mittagessen aus den hofeigenen Lebensmitteln.

Ich war am ersten Tag erstaunt, was für große Portionen sich alle nahmen; spätestens am Abend wusste ich, warum. Nach der warmen Dusche am Abend war ich so zufrieden und erledigt, wie schon lange nicht mehr. Jeder, der diese körperliche Arbeit kennt, kann dieses Gefühl nachempfinden. Ich glaube, dass uns genau das heute in vielen Berufen fehlt: Das Wissen, etwas Sinnvolles geleistet zu haben. Wir sind stellenweise so weit weg von dem entfernt, was die Natur uns zeigt, dass wir dieses Ungleichgewicht durch extreme Erfahrungen in der Freizeit kompensieren wollen.

Bei allen Arbeiten auf dem Hof wird so wahnsinnig viel körperliche Energie verbrannt, dass man die Energiezufuhr am Mittag einfach braucht, um fit zu bleiben. Ich bekam rundum Einblicke. Mal war ich auf dem Feld beim Gemüsesetzen und bei der Spinaternte, ein andermal im Gewächshaus bei den Tomaten und Auberginen, dann beim Vorbereiten der Gemüsesetzlinge und plötzlich saß ich auf dem Traktor und fuhr über den Hof. Einmal war ich einen ganzen Nachmittag beim Gemüseaus-

fahren mit dem Kurier und am nächsten Morgen, auf dem Morgenmarkt in Allschwil, wo ich gleich beim Kassieren ins kalte Wasser springen musste.

Die Arbeit war vielseitig und hart, aber ich war viel draußen und spürte, dass die Menschen, die Natur und die Arbeit mir guttaten. Endlich hatte ich wieder einen Grund, aufzustehen.

Eines Morgens konnte ich vor Schmerzen leider nicht mehr aufstehen, um zur Arbeit zu gehen. Ich musste sogar mit dem Krankenwagen abgeholt werden und es stellte sich heraus, dass ich Nierensteine hatte. Sogenannte Koliken, ein Schmerz, den ich wirklich niemandem wünsche. Und ich hatte erst

gedacht, ich hätte mir von der Arbeit auf dem Feld einen Nerv eingeklemmt. Deshalb war ich leider erstmals ein paar Tage außer Gefecht.

Schlussendlich war man mit meiner Arbeit auf dem Hof zufrieden. Allerdings konnten wir finanziell leider nicht zusammenkommen. Die Einbußen wären zu groß für Carolin und mich gewesen.

Ich bin dennoch sehr dankbar für diese Erfahrung, denn es war der erste Schritt in die richtige Richtung. Ich wusste jetzt, irgendwo dort, zwischen Landwirtschaft und Küche, liegt mein Weg. Wenn die Zeit kommt, dann wird die richtige Tür aufgehen, alles fügt sich zur richtigen Zeit am richtigen Ort.

Ankommen mit

# Kitchen unplugged

Die Suche nach neuen kulinarischen Wegen ist meine konsequente Entscheidung für einen Neuanfang, um schlussendlich anzukommen. Die Entscheidung, mit meinem Feuerherd zu kochen, hat mein ganzes Leben positiv verändert. Es sollte alles greifbar, ehrlich und einfach werden. Kitchen unplugged eben!

Kitchen unplugged ist ein Synonym für die Feuerküche mit meiner Küchenhexe wie zu Omas Zeiten, nur etwas transformiert. Ich glaube, die Faszination für Feuer steckt in unseren Urwurzeln und hat etwas Magisches. Mit Kitchen unplugged mache ich auf Events sichtbar, wie gut und wie wertvoll Essen sein kann, wenn wir lokal unsere Lebensmittel-Wertschöpfungskette sinnvoll nutzen. Damit möchte ich niemanden bekehren, ich möchte lediglich nachhaltige Möglichkeiten aufzeigen.

Um nur ein Beispiel zu nennen: Ich habe für einen guten Zweck mit mehreren Landwirten ein Gemüse- und Obstanbauprojekt rein für ein Event gestartet »Es gibt, was es gibt, und uns umgibt«. Nur dass, was schlussendlich auch geerntet wurde, bestimmte die Menge der Portionen.

Die Entscheidung, mit Kitchen unplugged den Stecker zu ziehen, hat mich gerettet und mir Selbstvertrauen und Bewusstsein zurückgegeben. Ohne diesen Schritt hätte ich niemals all diese besonderen Menschen und Orte kennengelernt und niemals diese wegweisenden Erkenntnisse erlangt.

Nun fehlte nur noch ein Ort zum Ankommen. Als ich begann, mich mit meiner Küchenhexe auf den Weg zu begeben, lebte ich mit meiner Frau Carolin noch in Basel. Wir pendelten oft zwischen Basel und Immenstaad am Bodensee. Der Bodensee war, wie ganz am Anfang in diesem Buch erwähnt, immer der Ruhepol und Familienort für mich. Wir waren sehr glücklich in Basel, aber irgendwie fehlte mir etwas.

AUF EINEN BLICK
Laut Gutachten ist Badeverbot
Seehnsuch
imat
Insekten Unterschlupf biete
INSEKTENHOTEL
Ihr Zuhause
SÜDKURIER

Mir war klar: In die klassische Form der Gastronomie möchte ich nicht zurück, denn ich hatte mich von diesem Ellbogensystem verabschiedet. Ich war nach wie vor stolz auf meinen Beruf, doch die Kochjacke habe ich gegen Hut, Hemd und Lederschürze eingetauscht. Ich war von einem freieren, lebensmittelnahen Weg überzeugt.

Dort, wo es um etwas Echtes, Zeitgemäßes geht und man auf Augenhöhe mit Menschen und Natur lebt und arbeitet, wollte ich sein. Es fehlte nur noch die passende Wirkungsstätte und das konnte nur ein biologisch oder ökologisch arbeitender Bauernhof sein, der noch einen Koch sucht, jemanden, der kulinarisch etwas zu erzählen hat.

Als sich eine berufliche Türe für Carolin und mich öffnete, standen wir vor der Entscheidung, unser geliebtes Zuhause Basel zu verlassen, um unsere Zelte am Bodensee neu aufzuschlagen. Bis zur letzten Sekunde waren wir nicht sicher, denn wir sollten all unsere finanziellen Sicherheiten und unser Zuhause aufgeben, für einen Sprung ins kalte Wasser. Auch wenn es nur eine Erfahrung sein sollte, um uns da wieder anzuspülen, wo wir hergekommen sind.

Nach meinem Tiefpunkt, mitten in der Corona-Zeit, haben wir aber schlussendlich den Mut gefasst und einen neuen Anfang am Bodensee gewagt. Zuerst nahm ich eine berufliche Abzweigung an einen kleinen Bauernhof in einer grünen Oase, wo ich mich gefühlt habe wie in dem bekannten Buch »Das Café am Rande der Welt«. Das war ein Ort, wo man Antworten findet und den Kompass neu stellt. Die Zeit auf dem Bauernhof hat mein kulinarisches Herz befreit und mich auf den richtigen Kurs gebracht.

Da ich auf Events mit meinem Konzept Kitchen unplugged immer mehr auffiel, sollte sich auch bald eine feste Wirkungsstätte für mich und meine Küchenhexe finden. Was ich mit dem Namen Kitchen unplugged transportieren möchte, ist eine ökologische, echt lokale, unkonventionell-kreative Naturküche.

All dies hat mich im Sommer 2023 zum Stotz Hof geführt. Hier hat man mich so aufgenommen, wie ich bin, und mir mit Kitchen unplugged eine Chance gegeben und eine Bühne geschenkt, gemeinsam diesen konsequent lokalen Weg einzuschlagen. Hier habe ich aktuell als Küchenchef für ein Hof-Café mit Hofladen, wo wir immer wieder Events ausrichten, die richtige Balance zwischen Familie und Arbeit gefunden; nahe am See, umgeben von Menschen, denen ich auf Augenhöhe begegnen kann und im Kreislauf mit der Natur.

In einem Coaching habe ich mir genau diese Ziele manifestiert, die hier auf dem Stotz Hof, mit meiner Ankunft am Bodensee, eingetreten sind. Wer weiß, was sich noch für Türen öffnen werden?! Ich konnte durch meine bewussten Entscheidungen etwas Altes loslassen. Vor allem bin ich meiner Frau und meiner Tochter sehr dankbar, dass sie mit mir diesen entscheidenden Weg gegangen sind. Heute sind wir hier gemeinsam in unserer Heimat am Bodensee angekommen.

Kochinspiration

# Geschmorter Rotkohl

**Rotkohl | Rotweinsauce | Süßkartoffelpüree | Sesam | Brennnessel**

Dieses Gericht ist entstanden, um eine sättigende vegetarische beziehungsweise vegane Hauptspeise zu kreieren. Ich wollte die traditionelle Zubereitungsart eines Schmorbratens auf ein reines Gemüse übersetzen. Unendlich viele Komponenten zu etwas zusammenzukleben und wie Fleisch schmecken zu lassen, entspricht nicht meinem Verständnis von guter vegetarischer Küche. Mir geht es um die natürlichste Form des Genusses. Lebensmittel sind kein Baukastensystem, sondern stehen für sich.

## Zutaten

Rotkohl, Wurzelgemüse, Apfel, Rote Zwiebel, Süßkartoffel, Rotwein, Traubensaft, Tomatenmark, gerösteter Sesam und Brennnessel, rote Marmelade, Kreuzkümmel, Butter, Butterschmalz, Salz, Pfeffer

## Zubereitung

Die Süßkartoffel bei 180°C circa eine Stunde in den Ofen geben, anschließend aus der Schale drücken und zu Püree verarbeiten. Der Rotkohl wird in Viertel geschnitten; der Strunk bleibt dran und kann nach dem Schmoren wunderbar mitgegessen werden. Die Rotkohlviertel werden gewürzt und in Butterschmalz von allen Seiten angebraten. Das Wurzelgemüse, der Apfel und die Zwiebeln werden grob gewürfelt und geröstet. Noch kurz mit Tomatenmark weiterbraten und mit Rotwein und Traubensaft ablöschen. Der

Rotkohl wird darin, halbbedeckt mit Rotwein, zugedeckt im Schmortopf circa 65 Minuten bei 180 bis 200°C geschmort, bis er zart ist, aber noch Biss hat. Die Soße wird dann nochmal abgeschmeckt und mit Butter glänzend eingekocht.

Kochinspiration

# Winter-Gröstl

**Pastinaken | Schwarzwurzel | Kräutersaitlinge | Birne | gerösteter Buchweizen**

Auch wenn wir im Winter lokal nicht so viel Auswahl haben, können wir verdammt viel daraus machen und müssen nicht auf Paprika und Zucchini zurückgreifen, die in Gewächshäusern mit viel Energie großgezogen werden müssen.

## Zutaten

Pastinake, Schwarzwurzel, Birne, Steinpilze oder Kräuterseitlinge, Buchweizen, Butterschmalz, Apfeldicksaft, Birnenessig, Salz, Pfeffer

## Zubereitung

Das Gemüse gut waschen und in grobe Stifte schneiden. Auch die Schwarzwurzel braucht nur etwas Pflege mit einer Holzbürste und muss dann nicht geschält werden. Die Pilze werden geviertelt und kräftig in Butterschmalz gebraten, so wie das Gemüse in einer separaten Pfanne. Wenn alles seine Röstaromen hat, kommt alles zusammen und der Apfel noch dazu. Bitte beim Braten nicht so oft umrühren, damit alles Zeit hat, den Geschmack zu entwickeln. Und auch erst am Ende würzen und mit Essig und etwas süßem Apfeldicksaft, Salz und Pfeffer verfeinern. Den Buchweizen in einer vorgeheizten Pfanne trocken rösten und als Knack darüber geben. Falls du frische Sellerieblätter zur Hand hast, kannst du diese dazugeben. Ein leichter, gesunder und sättigender Genuss.

Kochinspiration

# Halt's-Maul-Tasche

**Gebratene Hecht-Maultasche | Quagga-Muschel | Beurre blanc | Wirsingspinat**

Mit der Maultasche schließe ich mein Buch kulinarisch ab; mit dem See im Blick und der Idee im Herzen, Regionalität und Globalisierung zu verbinden. Es gibt wenige Fische, die noch in Mengen fischbar sind, wie der Hecht im Bodensee. Die Quagga-Muschel ist eine der neuen Plagen der Fischer. Warum aber nicht aus der Not eine Tugend machen? Ich habe mich herangewagt und daraus einen Muschelsud gekocht.

### Zutaten

Hecht, Quagga-Muschel, Fenchel, Ingwer, Wirsing, Schalotten, Dinkelmehl, Eier, Knoblauch, Thymian, Butter, Sahne, Gemüsebrühe, Weißwein, Koriandersamen, Fenchelsamen, Senfkörner, Salz, Pfeffer

### Zubereitung

Der Teig für die Maultaschen besteht aus Mehl, Ei, Wasser und Salz. Bei der Füllung habe ich mich an der luftigen Herstellung der klassischen Hechtklößchen orientiert. Eine gemixte Farce aus Fisch und Sahne, ergänzt mit gerösteten Senfkörnern, Fenchelsamen, Koriandersamen, Fenchelgrün, Salz und Pfeffer. Wichtig bei der Farce ist, dass der Fisch beim Mixen leicht angefroren ist. Der Muschelsud wird aus den geputzten noch geschlossenen Quagga-Muscheln mit Fenchel, Schalotten, Knoblauch, Kräutern und Gewürzen gebraten und in Weißwein und Gemüsebrühe gekocht. Aus diesem Sud wird dann die erweiterte Beurre blanc

aus feinen Schalotten, viel Butter und Weißwein gekocht. Dann gleich schaumig gemixt und nochmal in Kräutern und Ingwer aromatisch filtriert.
Den Wirsing mit großen halbierten Blättern in Salzwasser blanchieren und in brauner Butter mit den Maultaschen kurz braten. Der Geschmack der globalen Zeit ganz regional.

# Danksagung

Carolin Enchelmaier

Liebe Carolin, ohne dich wäre ich nicht da, wo ich jetzt bin. Du bist mein Mittelpunkt, meine Liebe für die Ewigkeit und der ehrlichste Mensch an meiner Seite. Danke dass du die Person bist, mit der ich all das teilen darf und die an mich glaubt. Mit der Geburt unserer Tochter Anni hat plötzlich alles Sinn gemacht und die Suche nach Heimat ist uns als Familie beantwortet. Wenn ich euch beiden in die Augen schaue, dann bin ich da, wo ich sein möchte.

Kim Höhnle

Liebe Kim, was soll ich sagen, du hast meiner Vision mehr als nur Bilder geschenkt. Du hast mich berührt und du hast jeden Moment miterlebt und für die Ewigkeit festgehalten. Wow, was für eine Reise mit dir! Du bist nicht nur eine unglaubliche Bildkünstlerin, du bist ein wundervoller Mensch. Danke, danke, danke. Es hat so viel Spaß gemacht, mit dir zu arbeiten.

Dana Lewu

Liebe Dana, du hast mit deiner Musik den Videos tiefgründige Emotionen gegeben. Wir alle lernen die Welle des Lebens zu surfen. Vielen Dank für deine Kunst und deine Freundschaft.

Danke an alle

Von ganzem Herzen danke ich allen, die dieses Buch mit ihren Geschichten, mit ihrer Persönlichkeit und mit ihren Plätzen mit Leben gefüllt und diese Reise erst möglich gemacht haben. Danke an Thomas Birkhofer, Karl Winkler, Karl Sauter, Markus Tschan und das Erlenhof-Zentrum, Andreas Schwarz, Alexander

Tanner und dem Birsmattehof, Edith Dickreiter, Familie Raither, den Heimatverein Immenstaad e.V., Helga Bauer, meinen Eltern Sabine und Volker Enchelmaier, Bruno Stotz – Der Stotz Hof, Roman Pfaff – Löwen Altheim, Ulrike Mohr Jens Bischert – Jens BootsService, Pirmin Rebstein – Rebstein GmbH Fischbach, Tenzin Kalden, Hofkäserei Heggelbach, Claudine Rüdin, Tino Einecke, Sven Sattler, Claus Höhnle, Markus Bauer, Frank Dittmann, Daniel Gosteli und die Birtel Biermanufaktur und noch viele mehr, die hier nicht aufgelistet sind.
Danke, danke, danke.

### oekom verlag

Ich danke der gesamten Redaktion für die Begeisterung dafür und die Unterstützung dabei, mein Buch zu verwirklichen. Nichts davon ist für mich selbstverständlich.

## Bildnachweis

Kim Höhnle S. 7, 8, 9, 17, 21, 29, 34, 36, 37, 40, 41, 42, 43, 45, 47, 48, 49, 50, 51 o., 51 u., 53, 55, 57, 59, 63, 64, 68, 70, 71, 73, 75, 78, 80, 81, 82, 85 l., 85 r., 87 l., 87 r., 89, 90, 91, 93, 94, 95, 96, 99, 101 o., 101 u., 103, 104, 106, 110, 111, 112, 113, 115, 117, 119 o., 119 u., 121, 132, 135, 137, 139, 141

Mario Enchelmaier S. 4, 15, 24, 31, 123, 124, 125

Volker Enchelmaier S. 11, 12

Birsmattehof S. 127, 128

# Über den Autor

**Mario Enchelmaier** lebte die ersten zehn Jahre seines Lebens in Kenia. Nach seiner Lehre bei einem Restaurant mit 16 Gault-Millau-Punkten in der Schweiz, war er unter anderem für die berühmten Eventcaterings Feinkost Käfer und Mosimann's sowie die Sterneküche von Cornelia Poletto und als kulinarischer Manager & Food-Trend-Experte bei den Lufthansa Lounges tätig. Heute lebt und arbeitet er am Bodensee und kocht mit seinem Konzept Kitchen unplugged Outdoor-Events auf einem alten Feuerherd. Außerdem hat er die Kulinarische Leitung auf dem Stotz Hof inne.